文繡瀚錦

★★★★★[LEADERSHIP]★★★★★

成就卓越领导者，打造可持续领导力

领导力的
管理准则

赵春林 / 著

天津出版传媒集团
天津人民出版社

图书在版编目（CIP）数据

领导力的管理准则/ 赵春林著．--天津 ：天津人民出版社，2018.9

ISBN 978-7-201-14093-3

Ⅰ．①领… Ⅱ．①赵… Ⅲ．①领导学 Ⅳ．①C933

中国版本图书馆 CIP 数据核字（2018）第 199719 号

领导力的管理准则

LINGDAOLI DE GUANLI ZHUNZE

出　　版　天津人民出版社
出 版 人　黄　沛
地　　址　天津市和平区西康路35号康岳大厦
邮　　编　300051
邮购电话　（022）23332469
网　　址　http://www. tjrmcbs. com
电子信箱　tjrmcbs@126.com

责任编辑　刘子伯
装帧设计　孙希前

印　　刷　香河县宏润印刷有限公司
经　　销　新华书店
开　　本　710×1000毫米　1/16
印　　张　15
字　　数　130千字
版次印次　2018年9月第1版　2018年9月第1次印刷
定　　价　39. 80元

前言 FOREWORD

领导力—这是古今中外的一道难解之题。自从有了人类社会，领导力的问题就开始出现并一直存在，每个部落、民族、国家的兴衰，每一次政权、王朝的更替，领导者都起到了至关重要的作用。用一句概括的话说：领导与组织的命运是息息相关的。

领导者自身无时无刻不在面临着挑战。领导职位的第一要素，或者说是核心要素，不是地位，也不是权利，而是责任。

领导力不是虚无缥缈的空中楼阁，它具体表现为管理者应该如何自我管理、如何沟通、如何激励、如何决策，以及如何进行人事管理、团队管理、目标管理、绩效管理。

在2200多年前，阿基米德说："给我一个支点，我就能撬起地球！"和阿基米德一样，今天很多的领导者需要的也是一个支点；一个有效撬动别人力量和智慧的支点，一个借助团体力量的支点。这个支点，就是卓越的领导力。

领导学中有一句非常著名的话："一头绵羊带领的一群狮子，敌不过一头狮子带领的一群绵羊。"领导者对于团队组织的作用，就是这么重要。

一个组织或团队的发展前景，首先决定于其带头人的自身素质。要想让你的企业或者团队在激烈的竞争中脱颖而出，成为一名卓越的领导者是你唯一的选择。

那么怎样成就卓越，你需要做到首先认识你自己，你需要具备领导者所应具有的魅力，你需要理解成功的管理需要充分授权，你需要理解员工的期待，并有针对性地沟通，你需要做激发员工潜能的催化剂，你需要有效决策……其实只要掌握了技巧，做到这些，真的不难。

做卓有成效的管理者，是德鲁克对管理人员的一个基本要求，也是一个最高期望。

卓有成效，说着轻松，经理人要真正达到这种状态，不是一件轻松容易的事。因此，我们看到了现实中同样身居领导职位的经理人，其工作状况却是冰火两重天，有人得心应手，春风得意；有人力不从心，心力交瘁。

时至今日，我仍然能看到一大批领导者，用充满羡慕的眼神看着别人将管理工作做得风生水起，他们却总是在暗地里发出这样的疑问：

为什么有些管理者可以迅速形成自己的领导风格与魅力，打造出一支高凝聚力的团队？为什么别人可以将组织内外资源进行充分的整合与搭配，游刃有余地加以合理利用？

这些疑问背后的道理很简单，因为那些管理者具备卓越的领导力，而其他大部分管理者则不善于去施展自己的领导力，不善于去利用领导艺术，因此在工作中会极其被动，会历尽磨难和挫败。

领导者，就是要做到“领而导之”，发挥领导力，去指引下属，带领下属，完成特定的任务。“停止管理，学会领导！”这是德鲁克为广大管理者发出的一个讯号。

具备了卓越的领导力，才能四两拨千斤，带好队伍，撬动集体和团队的无尽能量。

古时候有句话叫“一将无能，累死千军”，作为今日的领导者，也要记住，如果自己缺乏领导力，哪怕你呕心沥血，也难免会“累死千军”“累死自己”，甚至将队伍引入歧途。

本书以很多企业管理的精彩实例为你深入浅出地解答领导力的管理准则。会让你爱不释手、细细品读的同时，不知不觉中你已懂得如何成为更好的自己。

目录 CONTENTS

管理大师德鲁克说，管理者要做自己的CEO。实际上，一切组织的工作者，即使你只是一个普通的文员或销售员，也可以做自己的CEO；而即使你已经是一家大公司的CEO，你也需要先做自己的CEO。自我管理能力考验你做事的能力，在有效管人方面起到的是一种示范作用。自我领导力则是考验你的影响力，在有效管人方面体现的是一种激励和积极影响下属的能力。

二、管理他人方可达成目标 / 035

管理者的首要任务是培养和发展人才。找出人们的特长，帮助他们变得更好。发挥出最大的潜能，并随时为他们提供帮助。不要把时间浪费在让所有人都达到相同的能力水平上。找出每个人的特殊才能，每天从他们身上找出一些值得肯定的闪光点，激活他们的天赋与渴望。不论你认可人们的什么行为，未来你都会得到更多回报。

三、管理团队凝聚团队精神 / 073

韦尔奇说："在你成为领导以前，成功只同自己的成长有关。当你成为领导以后，成功都同别人的成长有关。"拥有最好球员的球队并不总是赢得最终的胜利，但同等条件下，获胜的概率要高，作为一个管理者，应该去创造这个或者优于这个条件或者环境，而不是让你变得如何如何的强，而是让你的员工变得更强，变得更会协同。

四、激励成员则无往而不胜 / 113

每一位管理者都必须坚信，员工缺失激情不是他们自己的错，而是管理者和组织机制的错。员工绝不是天生缺失激情。员工的激情不会凭空产生，而不适宜的管理方式和组织机制也会消磨员工的激情，因此，想要激发员工的热情，管理者必须掌握科学有效的领导和管理艺术，使用正确的激励方法，并在组织内构建合理的激励机制和激励文化。

五、智慧管理就是有效决策 / 159

智慧的决策思维：“谋事在人，成事在天”，决策之难有时难于上青天。因此，决策者必须要有更多的手腕才能做出正确的抉择，科学细致的思考会让你事半功倍，马到成功。坚决的执行力以及灵活的应变力。决策者只有提高了这些基本的能力和素质，才能使自己成为强大的市场竞争者，成为优秀的领导者。

领导学中有一句非常著名的话："一头绵羊带领的一群狮子，敌不过一头狮子带领的一群绵羊。"领导者对于团队组织的作用，就是这么重要。一个组织或团队的发展前景，首先决定于其带头人的自身素质。要想让你的企业或者团队在激烈的竞争中脱颖而出，成为一名卓越的领导者是你唯一的选择。

一、管理自己才能影响别人

管理大师德鲁克说，管理者要做自己的CEO。实际上，一切组织的工作者，即使你只是一个普通的文员或销售员，也可以做自己的CEO；而即使你已经是一家大公司的CEO，你也需要先做自己的CEO。自我管理能力考验你做事的能力，在有效管人方面起到的是一种示范作用。自我领导力则是考验你的影响力，在有效管人方面体现的是一种激励和积极影响下属的能力。

1. 及时淘汰自己才能保持领先

经济学家钟朋荣提出了一个非常有趣的论题，他从中国现实的经济状况中总结出两大经济特征，即“小狗经济”和“斑马经济”。

在动物世界中，三只小狗攻击一匹大斑马，第一只小狗咬住斑马的鼻子，第二只小狗咬住斑马的屁股，第三只小狗则咬斑马的腿，斑马终于倒下了。三条小狗吃掉一匹大斑马，其秘诀在于：分工明确，合作紧密。

钟朋荣考察了浙江省温州、台州的几百个乡镇后认为，浙江经济的突出特色就是“小狗经济”。比如台州有上千家摩托车零部件生产企业，基本上都是家族式企业或家庭工厂，他们分工非常细致，一个企业或一个家庭甚至只生产一个螺丝钉，千家万户联合起来，整个台州市就成了一个特大型的摩托车生产集团。这个集团的效率非常高，成本比内地许多大型摩托车集团要低 30%。

内地的大型企业集团，由总部对各分厂、各车间进行统一管理，建立庞大的管理体系，管理成本和资源潜力浪费惊人。这种经济形式被称为“斑马经济”。

浙江“小狗经济”的每个家庭、每个小企业都有一个原动力，内地大企业集团只有一个原动力。“小狗经济”的原动力是“斑马经济”原动力的几倍甚至几十倍，结果不言而喻。

在“小狗经济”体制下的各企业之间是自我管理和市场交易关系，这就形成了优胜劣汰机制。这个机制对每个上游厂家来说，既是激励机制，又是约束机制。

这种激励机制的能量是巨大的，它远远超过企业总部对所属厂长、车间主任奖金所起的作用；这种约束机制也是非常残酷的，它远不是企业总部对厂长、车间主任监督批评乃至免职处分所能比拟的。因此，三只小狗吃掉斑马就是一种必然了。

美国的太阳微系统公司(SUN)也是一家以不断淘汰自己产品和不断创新取胜的公司。它以企业的运作速度为核心成功地确立了自己的整个竞争战略。自从1982年创立以来，公司通过一系列的火速创新以及雷厉风行的企业运作机制逐渐发展壮大。

目前，该公司的年销售额已达50亿美元。在高性能工程工作站这一生产领域，产品的换代周期一般是3—5年，而太阳微系统为自己订下了他人难以企及的目标：每12个月使它的工作站的性能提高一倍。

公司在年度报告中公开向自己的员工及竞争对手提出了这个挑战。太阳微系统公司时刻准备淘汰旧产品，推出自己的新产品，并以其产品价格、性能上的优势打乱竞争对手的阵脚。

他们的理论是：与其让别人迫使你的产品淘汰，还不如自己淘汰自己的产品。太阳微系统公司是首先尝到了“自我淘汰”的甜头的企业之一。在一个速度竞争异常激烈的行业，淘汰自己的产品是不可避免的。而这种法则的优势是可以审时度势，在竞争中占据主动。

在“自吃幼崽”规则盛行的硅谷，太阳微系统公司绝不是唯一一家认识到只有不断淘汰自己的产品才能获得长远发展的公司。

相比之下，太阳微系统公司的与众不同之处是它将认识付诸实践的能力。而这种能力，反过来也是由企业竞争战略的核心认识所决定的：在计算机这一发展节奏快、学科交叉的高科技领域，没有人能在所有相关的技术方面都占尽优势。

所以，太阳微系统公司只把精力放在自己最具优势的项目上——为高性能工作平台设计软、硬件。而把其他的工作干净利落地转让给那些专业厂家，他们往往能在某些方面做得更加出色。

太阳微系统公司自己几乎不生产任何东西，集成电路板、驱动器、记忆储存芯片、键盘等等都是从外部供货商手中买来的，甚至各部件的组装也承包给别人。这种把精力集中在少数关键项目上的法则所产生的效果之一就是极大地提高了企业的生产能力。

太阳微系统公司的13000名员工，平均每个员工创造30万美元的销售额，这一指标是IBM公司的两倍。正是这种核心竞争战略，使得太阳微系统公司能集中自己的大多数精力在新产品的开发上，大大加强了自己的竞争力。

为了加快自己淘汰旧产品的速度，太阳微系统公司采用了另一条与众不同的法则：一开发出新技术就马上转让给别人，以激励自己不断创新。考虑到竞争对手将很快掌握自己的最新技术，太阳微系统将以更大的动力、更快的速度创新以确保自己的优势地位。

海尔在传统行业家电市场上就是通过不断创新而保持自己优势地位的典型案例。海尔彩电从创立之日起，就创造了许多让人“想不到”的产品：

拉幕式彩电，海尔称之为“晶视2000”。这种彩电开机时，精彩的好戏从屏幕中间徐徐拉开，关机时，如戏台落幕，从两侧向中间合拢关闭，让电视开关具有舞台的艺术性。

它的最大好处还在于：开机软启动，避免了图像的闪烁对人眼的伤害；关机零闪烁，避免了强光束对屏幕中心的冲击，可以延长显像管寿命近一倍，所以又有人称其为“长寿彩电”。这种彩电问世后，一向以工业设计和数字技术居国际一流而自豪的德国人也赞叹不已。

可以升级的彩电，海尔称之为“全媒体、全数字”彩电。过去的彩电都是将电视机的功能固定在一块线路板上，而海尔令人意想不到地采用了与计算机相同的模块化设计，不但可以使各个功能模块实现交互式双向信息交流，而且还可以随着技术的更新发展和人们的需求来更换模块，使其功能站在潮流的最前头。

家庭影院彩电，海尔称之为“AV 战神”。这一款彩电首次实现了真正的 AV 立体声系统，营造出可与专业音响媲美的全空间多维环绕立体效果，刚一出场，在北京、武汉等地日销量就达数百台。

在一个市场细分的年代，“想不到”的产品其实也就是个性化的产品。在千变万化的市场需求中，不同的人群有不同的需求，瞄准这种千差万别的需求是海尔人创新的方向。正是因为把握了这个方向，海尔才保持了自己的持续领先地位。

类似的事例，我们还能从微软公司的 Windows 战略中窥视出其轨迹。微软公司和其他软件开发公司采取了类似的战略，他们不是一次向消费者提供尽善尽美的产品，而是逐步改进产品使其身升级换代。管理学家把这种战略称为“版本升级法则”（versioning）。

天上是不会掉下来馅饼的。要想成为一方霸主，必须有霸主的气魄和素质。知识经济时代的霸主，与以往的霸主不可同日而语。农业经济社会是以土地和劳动力为基础，“劳动是财富之父，土地是财富之母。”

工业经济时代是以大量自然资源和矿藏原料的冶炼、加工和制造为基础，以大量消耗原材料和能源为特征。而知识经济时代，一切都以知识为基础，所有财富的核心都是知识，所有经济行为都依赖于知识的存在。

随着社会生产力中的智力成分正在变成社会经济领域发展的决定性因素，劳动力成本的作用越来越低，对产业主体的素质要求越来越高，白领比例不断上升，蓝领比例不断下降，并且白领人数远远超过蓝领人数。

最近30年来，美国企业生产一直呈上升趋势，始终保持全球第一，其工人人数占劳动人口的比例却呈递减趋势，由过去的33%降低到17%，据估计2010年工人人数将只有12%，2020年进一步降低到2%。

具有一种强烈的忧患意识和时不我待的紧迫感和危机感，及时把握创新的机会是一个成功企业应必备的条件。这些企业时刻都有一种危机意识：与其让别人迫使自己的产品被淘汰，不如自己淘汰自己的产品，通过主动适应市场的变化而获得市场的主导权。

管理智慧

管理的实质在于创新，企业经营本身就是一个不断创新的进程，创新不但为企业带来活力，还孕育着发展。否定自己，不断创新，可以审时度势，在竞争中占据主动。

2. 管理的前提是管理好自己

一天，美国陆军部长斯坦顿到林肯总统那里，气呼呼地说：

“一位少将用侮辱的话指责我，他竟然说我偏袒一些将领，真是岂有此理！”

林肯看到他生气的样子，就建议他写一封内容尖刻的信回敬那位少将。林肯说：

“可以狠狠地骂他一顿。”

于是，斯坦顿立刻写了一封措辞激烈的信，然后拿给林肯看。

“对了，对极了。”林肯高声叫好，“要的就是这个！好好训他一顿，真写绝了，斯坦顿。”但当斯坦顿把信叠好装进信封里时，林肯却叫住他，问道：“你干什么？”

“寄出去呀。”斯坦顿有些摸不着头脑。

“不要胡闹。”林肯大声说，“这封信不能发，快把它扔到炉子里去。凡是生气时写的信，我都是这么处理的。这封信写得好，写的时候你已经解了气，现在感觉好多了吧，那么就请你把它烧掉，再写第二封信吧。”

愤怒是吹灭理智之灯的风，要发一顿脾气或狠出一口气，非常容易，但代价往往过于昂贵，常常导致无可挽回的后果。

因此，管理好下属的前提是管理好自己，这就是一种自我监控能力。林肯控制情绪的方式不失为培养自我监控能力的一条有效途径。

1995年，由于种种原因，联想（香港）集团出现巨大的管理、产品和财务危机。在有被投资者抛弃的危险时刻，联想没有恐慌，他们冷静分析了出现问题的原因，果断将香港联想和北京联想合并，使联想整体渡过了难关。

从这件事情中，联想掌舵人柳传志悟到：中国内地市场在相当长时间内都应该是联想的主战场。正是基于对失败和挫折的反思，联想重新部署了中国本土市场的策略与布局，他们终于搭上中国PC市场快速增长的快车，成为1996—2002年中国快速增长的PC市场上最大的赢家。

其实，这不是联想第一次遭遇市场挫折。联想的起家是靠从科学院贷到的20万元，由于当时急于赚大钱，在一笔生意中被骗去8万，整个公司陷于困境。

1998年，联想管理层又出现巨大震荡。在联想20年的成长过程中，虽出现过几次重大挫折，但与许多中关村企业不一样的是，他们能够迅速从这种挫折中站起来。

二十余年来，微软一路坦途，但比尔·盖茨认为习惯于失败是成功的基础。因此，盖茨常常雇佣在其他公司有失败经验的人做其助手，借用他们的经验避免重蹈覆辙。

盖茨最为欣赏的人是福特汽车创始人福特和通用汽车创始人斯隆。盖茨办公室有一张福特的照片，作为激励，也作为警惕。福特梦想做出便宜好用的交通工具，创造出汽车世纪，但最后固执地坚持原来的信念而不能持续进步，二十年后霸主地位被后起的通用取代。悬挂一张福特照片，既是对他普及汽车全民化的崇敬，又是对他失败的一种反思。

美国管理学家彼得·杜拉克认为，无论是谁，做什么工作，都是在尝试错误中学会的，经历的错误越多，人越能进步，这是因为他能从中学到许多经验。

杜拉克甚至认为，没有犯过错误的人，绝不能将他升为主管。日本企业家本田先生也说："很多人都梦想成功。可是我认为，只有经过反复的失败和反思，才会达到成功。实际上，成功只代表你的努力的1%，它只能是另外99%的被称为失败的东西的结晶。"

中国有句俗语："失败是成功之母。"太过一帆风顺从不犯错的人很难相信他会取得多么了不起的成绩。

综观全世界的历史伟人或者当今的领袖人物，无论是商场上还是政场上，成功的人中无不经历过各种各样的失败和挫折中，而能够从这些挫折和失败中不断爬起来的人都取得了成功。无论是伟人毛泽东，还是商场巨人李嘉诚，都也是经历过很多的挫折。

不要刻意害怕失败而犹豫不决，害怕犯错而缩手缩脚，失败也是一个机会，是一个比从成功中学到更多东西的机会。

怎样对待“失败”是企业成长过程中回避不了的问题。一个成功的企业，它会知道从失败中记取本企业“应该做什么”和“不应该做什么”的教训，不单是从失败中找到能够孕育出成功的“之母”，更是从失败中更多地知道了什么不应该做，应该割舍什么。

割舍是企业在面对失败时的一种很有意思的现象：企业把失败当成财富，是因为失败证明了有的路走不通。企业在进行一项没有前人开拓的投资时，先要想到这是一次机会。当然，这里指的是“深思熟虑”的投资冒险，而非盲目地一头扎入废弃的深渊之中。

尽管最后的结果也许是“不可行”。但知道了这个“不可行”，可能就是这次失败对企业的最大价值。一个历经百年的企业不可能没有失败的经历，但它们与一般企业的区别在于：它们不会为失败而后悔，而是通过失败向自己证明了自己原先不知道的很多东西。知道了这些东西，也就是把握了后来的机会。

管理智慧

21世纪是一个充满竞争的时代，企业生存的最大武器就是竞争。在这场较量中，对竞争方法、竞争策略以及竞争手段的管理，将成为企业决定胜败的关键因素。

3. 让节省成为企业的一种习惯

一次，松下公司的领导到丰田公司参观，服务人员恭敬地送上咖啡，盛咖啡的器皿使客人大吃一惊——丰田公司竟使用普通的粗瓷碗盛咖啡！

是的，丰田公司没有咖啡杯。无论是自己用，还是招待贵客，一律用普通瓷碗。

外界都说丰田人吝啬。岂不知，吝啬正是“三河商法”之一。

第二次世界大战日本战败后，丰田喜一郎面对战争遗留给丰田公司的一片废墟，斩钉截铁地说：“丰田要在三年内赶上美国的汽车制造业！否则，重建日本汽车工业就是一个梦！”

在喜一郎的鼓动下，丰田公司上上下下充满了干劲。光有干劲还不行，要赶上美国，还需要更多的东西。喜一郎为丰田公司制定的经营管理思想是：第一，批量生产；第二，“吝啬”精神；第三，无贷款经营。三部分是一个整体，互相依存不可分割。

因为丰田公司的大部分工厂都集中在日本爱知县的三河地区，公司高级经理和许多员工也都是三河人，故人们将其经营战略称之为“三河商法”。

喜一郎非常讨厌浪费，他问员工：“我们做企业必须有基础，那么以什么为基础呢？”

大家讨论得非常积极，罗列了许多基础。

“很简单，就是以杜绝浪费思想为基础。我们现在要这样做，以后公司发展壮大了，也要如此。”

“批量生产”就是要杜绝浪费，追求汽车制造的合理性。丰田公司大胆革新，突破传统的汽车制造“由上道工序把工件传递到下道工序”的方式，改成“由下道工序向上道工序领取工件”的方式。

这种新方式要求前道工序只生产后道工序所需的工件，并规定了“三必要”的制度——保证按必要的工件、必要的时间和必要的数量“准确”地供应到位。

这个方式观念简单明了，通俗易懂。在执行“三必要”制度时，公司又采用了“流程卡”形式。“流程卡”分为“领货指令”“生产指令”和“运送指令”，流程卡由后向前传递，保证了前道工序所产出的工件，正好是后道工序所需要的工件，从而避免了库存，杜绝了积压与浪费。

喜一郎并没有满足改革的初步成果，又进一步将他的管理思想从生产过程延伸到营销过程。销售公司也实施“完全销售”的管理体制——即“由下道工序向上道工序领取工件”的方式和“三必要”的制度，名副其实地实现了“订货生产”的状态。这样，整个丰田公司的经营管理，经过孜孜不倦地推进，获得了巨大的效益。

在丰田公司，“干毛巾也能拧出水”，这就是丰田的“吝啬精神”。精打细算，避免浪费，必要时来一些吝啬，这其实也是一种生产方式，是管理的一个重要原则。管理者有必要督导和训练员工，久而久之，公司的节省成为一种习惯，就自然地降低了成本。

美国的《财富》杂志世界财富排名500强“龙虎榜”，美国知名品牌的大公司——沃尔玛，以总资产2950多亿美元的不凡业绩，连续第三年蝉联榜首。沃尔玛的成功，离不开它的严格管理，离不开“俭”；沃尔玛的知名，也源于它的高效益和出手的“阔”。

沃尔玛的“俭”的确是从一张纸做起的。如果你没有复印纸，想找秘书要，对方一定是轻描淡写的一句：“地上盒子里有纸，裁一下就行了。”如果你再强调要打印纸，对方一定会回答：“我们从来没有专门用来复印的纸，用的都是废报告的背面。”

据报道，2001 年沃尔玛中国年会 " 与会的来自全国各地的经理级以上代表所住的，只不过是能够洗澡的普通招待所。沃尔玛的节俭不只是针对员工的。企业老总坚持率先垂范。

沃尔玛的创始人山姆 · 沃尔顿尽管是亿万富翁，但他节俭的习惯从未改变，没购置过一所豪宅，经常开着自己的旧货车进出小镇，每次理发都只花 5 美元——当地理发的最低价，外出时经常和别人同住一个房间。

沃尔玛也有“阔气”的时候。摆“阔”主要体现在兴办公益事业上。山姆 · 沃尔顿不仅在全国范围内设立了多项奖学金，而且这个 " 小气鬼 " 还向美国的五所大学捐出数亿美元。

沃尔玛赢在“吝啬”。无独有偶，世界驰名的丰田汽车公司正是因为提倡“吝啬”，才赢得了“世界第一车”的美誉。丰田公司有个著名的“三河商法”，其中重要的一条就是吝啬。

丰田公司的老板丰田喜一郎非常讨厌浪费，他说过：搞企业必须有基础，而这个基础就是要杜绝浪费。他强调，丰田公司的批量生产模式就是要杜绝浪费，追求汽车制造的合理性。从创业之初，喜一郎就强调：“钱要用在刀刃上……用一流的精神，一流的机器，生产一流的产品。要杜绝各种浪费。”

正是因为完美地贯彻了“吝啬”的精神，丰田汽车公司取得了自己事业的巨大成功，成为世界汽车行业六巨头之一。

许多人都知道吝啬可以创造财富，但是很少有人能像沃尔玛、丰田那样一以贯之，并且让吝啬成为公司的一种经营理念。

在创富的道路上，我们听到过许许多多理念，每一个都有大量的理论支持。但是丰田、沃尔玛却用家庭式的节俭之道创造了巨大的财富。

管理智慧

财富积累是创造和节省两种途径形成的，节省是现代人的美德，即使世界最大的企业老板，也把节省作为自律的一项要求，节省不分时间和地点，随时随地都应尽量节省每一分钱，节省应从细节做起，个人不节省，无益致富；企业不节省，无益发展。

4. 聪明的管理用学习来打败对手

拉斯维加斯是美国内华达州的最大城市，也是周围荒凉的沙漠和半沙漠地带唯一有泉水的绿洲。所以，这片神奇的土地越来越繁荣，而拉斯维加斯一向以旅游、购物、度假产业而闻名，因此，各大酒店也是琳琅满目。

2006 年，30 岁的卡特看着一家家生意兴隆的酒店很是羡慕，梦想着什么时候也能开一家属于自己的酒店，只是一直苦于没有合适的店面。没想到机会说来就来。

在一家大型酒店旁边，房主因移民而将一栋五层楼房低价转让，这无疑是个绝好的机会。得知消息后，卡特激动万分，接下来，谈判、筹款、接手，一切都进行得那么顺利。

为了与相邻的大酒店抗衡，卡特还专门请来了一流的设计师，一个月后，终于打造出一个以沙漠中的海市蜃楼为主题的“梦幻酒店”。看着如此金碧辉煌的杰作，卡特信心满满，终于在一个良辰吉日，他的“梦幻酒店”隆重开业了。

然而，令卡特措手不及的是，开业后，他的酒店便冷冷清清，而他的对手酒店仍然是生意兴隆。卡特每天眼睁睁地看着客户走进对手的酒店，而他却束手无策。

就这样，一个月过去了，两个月过去了，他的酒店还是丝毫不见起色，他为此苦恼极了。如果再这样下去，他就必须将酒店关门大吉了。

这天，心灰意冷的他来到了附近一个村子里。以前，每当卡特遇到不顺心的事情时，他都喜欢到村里来找一个老人指点迷津，而这个老人早已和他成了忘年之交。

老人看出他愁眉不展的样子，便主动与他攀谈起来。于是，卡特将自己近期的遭遇一股脑地告诉了老人，并希望得到老人的明示。

老人听完他的诉说，并没有立即回答他，而是让他陪着自己一起到村外去散步。他心想，都火烧眉毛了，哪还有心思出去散步？但碍于老人的面子，只好和他一起走出了村庄，沿着崎岖的小路，不一会来到了村外一个集市上。

只见前面几个卖桃子的商贩在那里吆喝着："卖桃了！卖桃了！好吃不贵。"可是，来他们的摊位前买桃子的人却寥寥无几，而其中有一个卖桃子的商贩虽然没有吆喝，但他的摊位前却围拢了很多人，这不禁引起卡特的注意。

原来，这个商贩每卖出一袋桃子，都外加一瓶自来水。这让他很不解，便上前问商贩："你为什么要送他们一瓶自来水呢？"商贩回答说："很多人买完桃子后，总是迫不及待地想尝尝鲜，于是就将桃子在衣角上擦一擦就吃，这样很不卫生，再加上桃子上有毛刺，如果钻进衣服里会很痒，所以送瓶自来水让他们洗桃吃。"

听了商贩的话，卡特突然恍然大悟。他急忙谢过身边的老人，转身回到了酒店。他首先跟一个纯净水公司签了合同，让他们每天送来所需的纯净水，又召集员工，如此布置了一番。

之后，每当有客人来吃饭，客人结完账后，服务员都会送上两瓶免费的纯净水。久而久之，回头客也越来越多。

两年后，卡特的"梦幻酒店"越来越火红，知名度也越来越高，而他的对手酒店却日渐衰败，不久后便被"梦幻酒店"吞并。

有记者前来采访，问起他怎么想起送水时，卡特说："是卖桃子的商贩提醒了我。因为在我们城市的周围属于沙漠和半沙漠地带，天气比较干燥，送两瓶清凉的水，不仅让客人在沙漠里开车的时候有水喝，而且可以体验一下被关怀的温暖。"

是的，正是这种细致入微的人性关怀使卡特最终以两瓶水"击败"了对手。

一切事物随着岁月的流逝都会不断折旧，人们赖以生存的知识、技能也一样会折旧。唯有虚心学习，才能够掌握未来。毕业于西点军校的 ABC 晚间新闻主播彼得·詹宁斯，在当了三年主播之后，作了一个很大胆的决定—他辞去了人人艳羡的主播职位，决定到新闻第一线去磨炼记者的工作技能。经过几年的历练之后，他才又回到 ABC 主播的位置。

成功的团队是没有失败者的，因为团队的力量来源于团队中的每个人。大家相互学习，相互促进，团队就能够实现个体无法达到的高度。学习力，不仅能促进个人的成长，更能使团队的力量远大于个体之和，学习力能打造出最具竞争力的团队。

企业管理者一定要看到企业持续发展的原动力。企业就是一棵大树，树枝上硕果累累，产品种类很多，市场反应很好，企业就有很大的产值和丰厚的利润。

这时候，很多企业管理者就会被企业的发展现状陶醉，沾沾自喜，却没有人看看这棵树的根怎么样。根是什么？就是学习力，它才是一个企业真正的生命力之根、竞争力之根。如果企业的根基不牢固，那么眼前再好的美景也将是昙花一现，很快就会烟消云散。

因此，一个企业暂时的辉煌并不能说明其有足以制胜的竞争力。

企业只有具备很强的学习力才能具有真正的竞争力，才能在以后可能日益猛烈的竞争态势中获得一个又一个胜利。

英特尔总裁格鲁夫说："在这个快速变化的环境中，面对这么多强劲的对手，为什么我们始终能保持这样的竞争力？因为我们清楚地意识到当今世界唯一不变的只有一个—变化。"所以当今世界企业之间的竞争本质上是学习速度的竞争。

英国著名作家萧伯纳有一句名言："两个人各自拿着一个苹果，互相交换，每人仍然只有一个苹果；两个人各自拥有一个思想，互相交换，每个人就拥有两个思想。"一个团队学习的过程，就是团队成员思想不断交流、智慧之火花不断碰撞的过程。

如果团队中的每个成员都能把自己掌握的新知识、新技术、新思想拿出来和其他团队成员分享，集体的智慧势必大增，就会产生1+1>2的效果。团队的学习力就会大于个人的学习力，团队智商就会大大高于每个成员的智商，整体大于部分之和。

善于学习，是团队永远不败的根本。美国未来学家阿尔文·托夫勒说："未来的文盲不是不识字的人，而是没有学会怎样学习的人。"学习能力、思维能力、创新能力是构成现代人才体系的三大能力，其中，善于学习又是最基本、最重要的第一能力。没有善于学习的能力，其他能力也就不可能存在，因此也就很难去具体执行。

一个团队也是如此，不会学习的团队永远不可能拥有超强的竞争力。企业竞争的实质是学习力的竞争，唯有不断学习，企业才能长盛不衰。

一个企业要想提高整体的竞争能力，唯一的途径就是使企业真正变成一个学习型组织。《第五项修炼》的作者圣吉在书中明确指出：

“当今世界复杂多变，企业不能再像过去那样只靠领导者一夫当关、运筹帷幄来指挥全局。未来真正出色的企业将是那些能够设法使各阶层员工全心投入、并有能力不断学习的组织。”

学习已经越来越成为企业保持不败的动力之源。当代企业的发展更证明只有比你的竞争对手学得多、学得快才能保持你的竞争优势，才能永葆领先。

世界上著名企业的发展，无一离不开“学习”二字。美国排名前25的企业中，有80%的企业是按照“学习型团队”模式进行改造的。国内很多企业也通过创办“学习型企业”而给企业带来了勃勃生机。

学习就是生产力，让你的员工学起来，你的员工才能具有更大的生产能力，你的企业才能获得更大的经济效益。组织员工学习，建立学习型组织，对企业而言，只是小额投入，而这种投入带来的回报绝对是惊人的，并且是持续的。聪明的管理者会用学习来打败对手。

管理智慧

学习力，不仅能促进个人的成长，更能使团队的力量远大于个体之和，学习力能打造出最具竞争力的团队。成功的团队是没有失败者的，因为团队的力量来源于团队中的每个人。

5. 在能力范围内就要百分百完成

杰克在一家国际贸易公司上班，他很不满意自己的工作，愤愤地对朋友说：“我的老板一点儿也不把我放在眼里，每次开会、聚会都无视我的存在，但是做苦力跑腿的时候却找到了我。跟这样不爱惜人才的老板工作，太没劲了。真想拍桌子辞职不干了。”

“你对公司的业务完全弄清楚了吗？对于他们做国际贸易的窍门都搞懂了吗？”他的朋友反问。

“没有！”

“要想走，也可以，我建议你好好把公司的贸易技巧、商业文书和公司的运营搞通，甚至如何修理复印机的小故障都学会，然后再辞职不干。”

朋友说，“你可以把他们的公司当作免费学习的地方，什么东西都学会了之后，再一走了之，这样不是既有收获又出气了吗？”

杰克听从了朋友的建议，从此便默记偷学，下班之后也留在办公室研究商业文书。

一年之后，朋友问他：“你现在许多东西都学会了，可以准备拍桌子不干了吧？”

“可是，我发现近半年，老板对我刮目相看了，对我不断委以重任，又升官又加薪，我现在是公司的红人了！”

“这是我早就料到的。当初老板不重视你，是因为你的能力不足，你却不努力学习；而后你经过努力，能力不断提高，老板当然会对你刮目相看了。”朋友笑着说。

大部分的人，好像不知道职位的晋升是建立在忠实履行日常工作职责的基础上的。只有全力以赴、尽职尽责地做好目前工作，才能使自己的价值渐渐地提升。

其实在极其平凡的职业中、极其低微的岗位上，往往蕴藏着巨大的机会。只有把自己的工作做得比别人更迅速、更完美，调动自己全部的智力，从中找出方法来，才能吸引别人的注意，自己也会有施展才干的机会，以满足心中的愿望。

倘若一个人在工作时能全力以赴，不计较眼前的一点利益，不偷懒混日子，就算现在他的薪水十分微薄，未来也一定会有所收获。

1937 年 4 月 5 日，鲍威尔出生在纽约市哈勒姆黑人居住区的一个贫寒家庭中，青年时期的鲍威尔，为了帮助父母减轻肩上的负担，他经常凭借自己壮硕的身体，从事各种繁重的工作。

17 岁那年，鲍威尔到百事可乐装瓶厂打工，在工厂里，工头除了让鲍威尔洗瓶子外，还让他擦地板，做一些细碎的杂活，每次鲍威尔总是毫无怨言地去做一件又一件的事情。

有一次，一位工人在搬运产品时不小心摔碎了几十瓶可乐，弄得车间里汽水横流、满地狼藉。

工厂有规定：凡是弄翻产品的工人要负责清洁打扫。可是为了节省人工，工头就指派平日干活麻利的鲍威尔去负责清理，鲍威尔接到任务时，心中感到很不公平，气急败坏的他本想留住自尊一走了之，但是一想到清洁打扫也本是自己分内的活儿，他便打消了内心逃跑的想法，拿起拖把尽心尽力地打扫起来。没过几天，他就接到了工头的晋升通知，他成了装瓶部的主管。

这段经历让鲍威尔受益终生，他明白了一个道理：有所保留有时候等于有所失败，凡事全力以赴，总会有人看到你的能力！毕业后的鲍威尔官至美国参谋长联席会议主席，四星上将，北大西洋公约组织、欧洲联盟军总司令，美国国务卿，受到世人的景仰。

一个人要是钻到钱眼里去，总是计较着自己到底能拿多少工资，总是将自己囚在装着工资的红包里，那他又如何能看到工资背后的成长机会呢？他又怎么能意识到从工作中获得的技能和经验对自己的未来将会产生多么大的影响呢？

刚开始工作的时候，你从事的必然只是很琐碎的工作。你只有全力以赴地工作，才有可能获得提拔和重用。

不要算计得太多，多做一点对你没有坏处，也许会花掉你一些时间和精力，却能够使你从竞争者中脱颖而出，你的老板、上司和顾客会关注你、信赖你、需要你，从而给你更多的机会。今天撒下助人的种子，总有一天会结出甜美的果实，最终受益的还是你自己。

1971 年，索罗斯的父亲自愿花费 50 万美元，将索罗斯送进了西点军校专门为贵族子弟改掉纨绔习气而设立的“金融大鳄”特别班。索罗斯进入西点参训的第一天，就被一名黑人教官揍了无数拳，直到亲口承认自己不是人为止。

是西点，让索罗斯深深地领悟了：面对人生的每一场赌注，你可以倒下却不可以逃跑，你可以认错却不可以逃避，你可以放弃却不可以重来！ 6 个月过后，索罗斯终于在残酷的训练中迎来了自己的毕业考试。

那是一次超越死亡的长途行军，学员们的任务是步行到 200 公里外的一座指定山头上找到一块写着自己姓名的小木板，行军过程不允许携带钱、干粮和水，中途得不到任何补给，只能依靠采摘野果、野菜和捕捉各种小动物维持生命，如果有人半途坚持不住有权利自动退出，付出的代价就是，不要指望再拿到特别班毕业的荣誉证书。

在这场考验人性毅力和智力的考试中，许多人做了路上的“逃兵”，看着身边的同学纷纷弃场，索罗斯硬是咬着牙斩断了自己的退路，和寥寥无几的几个学员坚持到了最后，成功地拿到了西点军校特别班的“荣誉证书”。

多年以后，面对自己的成功，索罗斯兴奋地坦言道：“我由衷地感谢当年父亲花了50万美元，让我在西点军校体验了6个月的魔鬼训练，让我在西点完成了脱胎换骨！”

管理智慧

全力执行，是一个员工做好一项工作的前提，只要在自己的能力范围之内，就要100%地完成。全力执行，尽最大能力把这些事做得更好，自然会成为一名优秀员工。

6. 保持优势须在此领域做强做大

1999年2月，牛根生对孙先红说：我给你100万的宣传费，对谁也不要说。先红问：为什么不能说？牛说：现在总共筹到300万，拿出100万做广告，我怕大家知道后接受不了。我就要一个效果：一夜之间，让呼市人都知道。

于是1999年4月1日早上，一觉醒来，人们突然发现道路两旁冒出了一溜溜的红色路牌广告，上面高书金色大字：蒙牛乳业，创内蒙古乳业第二品牌！

在现实中，许多老板肩上扛着品牌大旗心里打着小算盘，乐于小打小闹，希望以小的投入来获得大的回报，从没想过以大的投入来换取更大的回报。

这实际上就是一种格局。格局小的老板，想的永远是自己，希望从一颗鸡蛋中吃出黄金；而格局大的老板，则能着眼于未来，在大环境中定义自己的事业。

俗话说：善弈者谋势，不善弈者谋子。许多企业之所以做不大，就在于只谋子不谋势。谋势就是定战略，有了战略，路再长，总有一天会走到；没有战略，走得越猛，死得越早。

置战略需求于不顾，希望用1分钱换来100元的效果的主，很难走出穷的境界，因为占便宜本身就代表没有境界。

死抠一城一池，是活三年的企业，因为它不抬头看天。东一榔头西一棒子的，是活三月的企业，因为它不低头看地。不看天，山雨欲来浑然不觉，要被洪水淹死；不看地，夜半悬崖大步流星，要被群山淹没。

立竿见影、刀下见菜，是大多数老板的想法，当然这也没有错，因为解决目前的生存问题是第一位的。但是，生存问题属于战术问题，而发展问题属于战略问题，解决生存问题必须刀下见菜，但要搞定发展问题则需要细水长流最后水到渠成。

现实中，很多老板都有短视心态，以为整一个亮点马上就能换回巨大的效益，于是一个活动搞下去或一期广告投下去看到没什么效果就马上停止。

其实这种想法并不正确，因为品牌对于企业而言是一个长期工程和系统工程，既要有独特的个性，又需要系统的提炼及提升；对于客户而言，品牌又是一种认知识别和体验识别，他们需要你能记住你的特别理由，因此也就需要你在诉求点上要坚持深入。

这是一个赢家通吃的社会，一个企业要想在激烈的市场竞争中取得较大的经济效益，就必须在某一领域保持强大的领先优势。

《新约·马太福音》中记载了这样一个故事：一个国王远行前，叫来了他的三个仆人，并按照各人的才干，给了仆人甲五千两银子，仆人乙两千两银子，仆人丙一千两银子。

两个月后，国王回来了，三个仆人来到国王面前，仆人甲说："主人，你交给我的五千两银子，我用它又赚了五千两。"

国王说："好，你这又善良又忠心的仆人。你在不多的事上有忠心，我把许多事派你管理。可以进来享受你主人的快乐。"

仆人乙说："主人，你交给我两千两银子，我又赚了两千两。"国王说："好，你这又善良又忠心的仆人。你在不多的事上有忠心，我把许多事派你管理。可以进来享受你主人的快乐。"

仆人丙说："主人，我知道你想成为一个强人，收获没有播种的土地，收割没有撒种的土地。我很害怕，于是我把你的一千两银子埋藏在土里，请看，一点也没少。”

国王斥责他说：“你这又恶又懒的仆人，你既然知道我想收没人播种的土地，收割没有撒种的土地，那么你就更应该把银子存在银行家那里，当我回来的时候连本带利地还给我。”

于是，国王命令将仆人丙手里的那一千两银子赏给仆人甲，并且说：“凡是少的，就连他所有的也要夺过来；凡是多的，还要给他，叫他多多益善。”

众所周知，珠穆朗玛峰是世界第一高峰，而且其高度也是妇孺皆知。然而，世界第二高峰又有多少人知道呢？其实，位于印度境内的乔戈里峰仅比珠峰低 237 米，这个差距还不到珠峰高度的 3%。

但正是由于这个不大的差距，世界第二高的乔戈里峰除了一些狂热的登山运动员外，就很少有人问津。多少专家的实地勘测，多少队员的结队攀登，多少媒体的全程关注，甚至多少生命的无言终结，目标更多地锁定在珠穆朗玛峰，而不是乔戈里峰。

237 米，珠峰只高出了那么一点点，也就是凭着那么一点点的“势能”，就把世界第二的“乔峰”给吃了。

对企业经营发展而言，要想在某一个领域保持优势，就必须在此领域迅速做大。当你成为某个领域的领头羊时，即使投资回报率相同，你也能更轻易地获得比弱小的同行更大的收益。而若没有实力迅速在某个领域做大，就要不停地寻找新的发展领域，才能保证获得较好的回报。

微软在互联网时代的垄断地位为我们提供了一个很好的事例。

从 DOS 到 Windows 系统，微软一直掌握着个人电脑操作系统 90%

以上的市场份额，这为它积累了巨大的信誉。绝大多数硬件、软件开发商都不会另搞一套与微软“不兼容”的产品或系统，因为那无异于自掘坟墓。

换句话说，微软可以不必考虑与别人兼容，而别人一定得考虑和微软兼容。而影响力不大的产品，即使性能再优秀，也享受不了这种待遇。

网络增值的规律是规模越大，用户越多，产品越具有标准性，所带来的商业机会就越多，收益呈加速增长趋势。

因此，标准化、规模化意味着社会成本的降低、经济效益的提高，这是网络时代中所有厂商追求的一种目标。电子信息业因为行业较新，许多产品规格尚未标准化，谁能建立标准规格或者跟对了赢家的规格，谁就是马太效应的获利者。

因而，现在厂商之间的竞争，绝大部分是“规格战”。在市场上，如果一个企业有能力将自己的产品标准化，并成为市场的主流产品时，该产品的价值就越高，而且使用的人也就越多。市场上主流产品的使用价值已大大超过它的物质表现，在许多方面是生产这种产品的人想不到的，这样，即使价格再高也有人愿意买。

企业管理者需要记住的是，这是一个赢家通吃的时代，千万不能停止、等待、观望和固守，因为别人也许正在觊觎你手中的银子。

管理智慧

一个企业要想在激烈的市场竞争中取得较大的经济效益，要想在某一个领域保持优势，就必须在某一领域保持强大的领先优势。

7. 无"法"可依，则管理无效

现代企业需要先进的经营理念、优秀的企业文化、积极向上的团队精神，除此之外，还需要制定一整套科学的规章制度来规范员工行为，从而促进企业生产经营的有序发展。

俗话说："国有国法，家有家规。"在企业管理中也是如此。但是，有很多企业，特别是一些中小型企业，并没有真正认识到企业管理制度的重要性，也没有依法制定有效可行的规章制度，这就直接导致了企业管理的无序状态。

据某报报道：2009年新年伊始，王先生开办的医药公司效益又有新的增长，职工们很努力，王先生也对新的一年满怀着憧憬与希望。

可是，刚刚接到的一份劳动争议仲裁败诉通知书却使林先生颇感疑惑：公司的一名员工因工作失误给公司造成了经济损失，却未受到惩罚，反而是公司输了官司。这件事令他十分困惑，怎么会这样呢？

原来，不久前，一家外地药店向他们公司订购了一箱药，公司指派医药代表小李将药邮寄给该药店。小李在将药品经铁路托运后，没有进一步核实药品是否托运到目的地。

后来，这箱药到了该药店所在城市的火车站后，送药人因为没有找到已经迁址的药店，就将这箱药又带回了火车站。

火车站的员工在将这箱药挂失后，在无人认领的情况下将其卖了2000元钱。医药公司认为小李给公司带来了经济和企业形象的损失，属于严重失职行为，要其承担一半损失，并与其解除了劳动合同。

小李则认为，损失2000元不能算严重损失，而且自己还承担了

1000元损失，因此，小李将企业申诉到当地劳动争议仲裁委员会，经法院审理，企业败诉。

该企业之所以败诉，关键就在于没有相应的制度来支撑自己对员工的处理结果。例如，该医药公司是以小李给单位造成了重大损害来解除双方的劳动关系的，但是什么样的损害、多高的金额损失才属于重大损害，该企业并没在管理制度中做出界定，因此小李有理由反驳这家医药公司：2000元的损失不能叫重大损害。

在企业管理中，要想使企业经营活动得以顺利进行，必须对人、财、物等要素进行适当的组合和配置，而企业管理制度恰恰是对企业正常运行的基本方面规定活动框架。它是用来约束集体行为的行为规范，主要针对集体而非个人。

所以，一个企业要想在残酷的市场竞争中立于不败之地，没有一套科学的、切合实际的管理制度是不可能的。

那么，是不是出台一套合理的管理制度就万事大吉了呢？显然不是，不管多么合理的制度，如果缺乏执行力和严格的监督机制也是行不通的。让我们看看下面两个故事。

故事一：从前，山上的寺庙里住着七个和尚，他们每天分食一大桶粥，可是每天可以分食的粥都不够。为了兼顾公平，使每个和尚都基本能吃饱，和尚们想用非暴力的方式解决分粥的难题。

一开始，他们拟定由一个小和尚负责分粥事宜。但大家很快就发现，除了小和尚每天都能吃饱，其他人总是要饿肚子，因为小和尚总是自己先吃饱再给别人分剩下的粥。

于是，在大家的倡议下又换了一个小和尚，但这次却变成只有小和尚碗里的粥是最多最好的，其他六个人能够分得的粥就更少了。

饿得受不了的和尚们提议大家轮流主持分粥，每天轮一个。这样，一周下来，他们只有一天是饱的，就是自己分粥的那一天，其余六天都是肚皮打鼓。

大家对这种状况不满意，于是又提议推选一个公认道德高尚的长者出来分粥。开始这位德高望重的人还能基本公平，但不久他就开始为自己和挖空心思讨好他的人多分，使整个小团体乌烟瘴气。

这种状态维持了没多长时间，和尚们就觉得不能够再持续下去了，他们决定分别组成三人的分粥委员会和四人的监督委员会，这样公平的问题基本解决了，可是由于监督委员会提出多种议案，分粥委员会又屡屡据理力争，互相攻击扯皮下来，等分粥完毕时，粥早就凉了。

最后，他们总结经验教训，想出一个办法，就是每人轮流值日分粥，但分粥的那个人要等到其他人都挑完后再拿剩下的最后一碗。

令人惊奇的是，在这个制度下，七只碗的粥每次都几乎是一样多，就像用科学仪器量过一样，这是因为每个主持分粥的人都认识到，如果七只碗里的粥不一样，他确定无疑将享用分量最少的那碗，从此，和尚们每天都能够均等地吃上热粥。

“轮流分粥，分者后取”的制度性规定，让组织的每个员工都达到了最满意的程度，这是一个合理的制度。

故事二：18 世纪末，英国人来到澳洲，随即宣布澳洲为英国的殖民地。但是，这样辽阔的大陆，怎么开发呢？当时英国没有人愿意到荒凉的澳洲去。

英国政府想了一个绝妙的办法：把犯人统统发配到澳洲去。一些私人船主承包了运送犯人的工作。最初，政府以上船的人数支付船主费用，船主为了牟取暴利，尽可能多装人，却把生活标准降到最低，所以犯人的死亡率很高。

英国政府因此遭受了巨大的经济和人力资源损失。英国政府想了很多办法都没有解决这个问题。

后来一位议员想到了制度。那些私人船主利用了制度的漏洞，因为制度的缺陷在于政府付给船主的报酬是以上船人数来计算的！假如倒过来，政府以到澳洲上岸的人数来计算报酬呢？政府采纳了他的建议——不论你在英国上船时装多少人，到澳洲上岸时再清点人数支付报酬。

一段时间以后，英国政府又做了一个调查，发现犯人的死亡率大大降低了，有些运送几百人的船经过几个月的航行竟然没有一个人死亡。犯人还是同样的犯人，船主还是那些船主，制度的改变解决了所有的问题，这就是制度的力量。

这两个故事都说明了一个合理的制度对于组织的重要性。企业的管理制度是企业经营理念和所有者、管理者意志的体现。好的管理制度能够极大地提高工作效率，促进目标的完成。

因此，作为企业管理者，必须时刻注意本单位的规则，发现不切实际或不合情理的要及时纠正，不断改革，这一点很重要。

可以这样说，一个好的规章制度，必然是不断发展和不断改革的。这样的规则是活的规则，只有活的规则才有意义。

总之，规章制度的建立、制定是随着生产的发展、企业的进步不断改变的，而不应该一成不变。一个有经验的管理者，要善于用规则管理下属。

管理智慧

企业如果没有一套行之有效的制度，会给企业管理带来混乱，甚至造成重大损失。管理制度的重要作用：好的管理制度能够极大地提高工作效率、促进目标的完成。

8. 提升判断力不盲目跟风

羊群是一种很散乱的组织，平时在一起也是盲目地左冲右撞，但一旦有一只头羊动起来，其他的羊也会不假思索地一哄而上，全然不顾前面可能有狼或者不远处有更好的草。

因此，“羊群效应”就是比喻人都有一种从众心理，从众心理很容易导致盲从，而盲从往往会陷入骗局或遭到失败。

羊群效应的出现一般在一个竞争非常激烈的行业上，而且这个行业上有一个领先者（领头羊）占据了主要的注意力，那么整个羊群就会不断模仿这个领头羊的一举一动，领头羊到哪里去吃草，其他的羊也去哪里淘金。

有则幽默讲：一位石油大亨到天堂去参加会议，一进会议室发现已经座无虚席，没有地方落座，于是他灵机一动，喊了一声：“地狱里发现石油了！”

这一喊不要紧，天堂里的石油大亨们纷纷向地狱跑去，很快，天堂里就只剩下那位后来的了。这时，这位大亨心想，大家都跑了过去，莫非地狱里真的发现石油了？于是，他也急匆匆地向地狱跑去。

聪明的你应该很快就能明白什么是羊群效应。羊群是一种很散乱的组织，平时在一起也是盲目地左冲右撞，但一旦有一只头羊动起来，其他的羊也会不假思索地一哄而上，全然不顾旁边可能有的狼和不远处更好的草。羊群效应就是比喻人都有一种从众心理，从众心理很容易导致盲从，而盲从往往会陷入骗局或遭到失败。

法国科学家让亨利·法布尔曾经做过一个松毛虫实验。他把若干松毛虫放在一只花盆的边缘，使其首尾相接成一圈，在花盆的不远处，又撒了一些松毛虫喜欢吃的松叶，松毛虫开始一个跟一个绕着花盆一圈又一圈地走。这一走就是七天七夜，饥饿劳累的松毛虫尽数死去。而可悲的是，只要其中任何一只稍微改变路线就能吃到嘴边的松叶。

动物如此，人也不见得更高明。社会心理学家研究发现，影响从众的最重要的因素是持某种意见的人数多少，而不是这个意见本身。人多本身就有说服力，很少有人会在众口一词的情况下还坚持自己的不同意见。“群众的眼睛是雪亮的”、“木秀于林，风必摧之”、“出头的椽子先烂”这些教条紧紧束缚了我们的行动。

20 世纪末期，网络经济一路飙升，.com 公司遍地开花，所有的投资家都在跑马圈地卖概念，IT 业的 CEO 们在比赛烧钱，烧多少，股票就能涨多少，于是，越来越多的人义无反顾地往前冲。

2001 年，一朝泡沫破灭，浮华尽散，大家这才发现在狂热的市场气氛下，获利的只是领头羊，其余跟风的都成了牺牲者。传媒经常充当羊群效应的煽动者，一条传闻经过报纸就会成为公认的事实，一个观点借助电视就能变成民意。游行示威、大选造势、镇压异己等政治权术无不是在借助羊群效应。

当然，任何存在的东西总有其合理性，羊群效应并不见得就一无是处。这是自然界的优选法则，在信息不对称和预期不确定条件下，看别人怎么做确实是风险比较低的（这在博弈论、纳什均衡中也有所说明）。羊群效应可以产生示范学习作用和聚集协同作用，这对于弱势群体的保护和成长是很有帮助的。

羊群效应告诉我们：对他人的信息不可全信也不可不信，凡事要有自己的判断，出奇能制胜，但跟随者也有后发优势，常法无定法！

有一个人白天在大街上跑，结果大家也跟着跑，除了第一个人，大家都不知道奔跑的理由。人们有一种从众心理，由此而产生的盲从现象就是“羊群效应”。

很多时候我们不得不放弃自己的个性去“随大流”，因为我们每个人不可能对任何事情都了解得一清二楚，对于那些不太了解，没把握的事情，往往“随大流”。

持某种意见人数多少是影响从众的最重要的一个因素，很少有人能够在众口一词的情况下，还坚持自己的不同意见。压力是另一个决定因素。在一个团体内，谁做出与众不同的行为，往往招致“背叛”的嫌疑，会被孤立，甚至受到惩罚，因而团体内成员的行为往往高度一致。

许多时候，并不是谚语说的那样——“群众的眼睛是雪亮的”。在市场中的普通大众，往往容易丧失基本判断力。人们喜欢凑热闹、人云亦云。群众的目光还投向资讯媒体，希望从中得到判断的依据。

但是，媒体人也是普通群众，不是你的眼睛，你不会辨别垃圾信息就会失去方向。所以，收集信息并敏锐地加以判断，是让人们减少盲从行为，更多地运用自己理性的最好方法。

理性地利用和引导羊群行为，可以创建区域品牌，并形成规模效应，从而获得利大于弊的较佳效果。寻找好领头羊是利用羊群效应的关键。

对于个人来说，跟在别人屁股后面亦步亦趋难免被吃掉或被淘汰。最重要的就是要有自己的创意，不走寻常路才是你脱颖而出的捷径。不管是加入一个组织或者是自主创业，保持创新意识和独立思考的能力，都是至关重要的。

在竞争激烈的“兴旺”的行业，很容易产生“羊群效应”，看到一个公司做什么生意赚钱了，所有的企业都蜂拥而至，上马这个行当，直到行业供应大大增长，生产能力饱和，供求关系失调。大家都热衷于模仿领头羊的一举一动，有时难免缺乏长远的战略眼光。

对于我们这些职场里的人而言，往往也可能出现“羊群效应”。做IT赚钱，大家都想去做IT；做管理咨询赚钱，大家都一窝蜂拥上去；在外企干活，成为一个嘴里常蹦出英语单词的小白领，看上去挺风光，于是大家都去学英语；现在做公务员很稳定，收入也不错，大学毕业生都去考公务员……

我们不是羊，我们要用自己的脑子去思考，去衡量自己。

我们应该去寻找真正属于自己的工作，而不是所谓的“热门”工作，都说“男怕入错行，女怕嫁错郎”，“热门”的职业不一定属于我们，如果个性与工作不合，努力反而会导致更快的失败。我们还要留心自己所选择的行业和公司中所存在的潜藏危机，任何行业和企业都不可能是“避风港”，风险永远是存在的，必须大胆而明智地洞察。

在有了这点儿危机意识之后，自然就要预备好对策，当危机真正到来时该怎么办？在《谁动了我的奶酪》中，坐吃山空的小老鼠最终没有奶酪可吃，而有危机意识、到处寻找新的奶酪的小老鼠，却在旧的奶酪吃光之前，就寻找到了新的生机。

管理智慧

模仿他人决策，或者过度依赖于舆论，跟在别人屁股后面亦步亦趋难免被吃掉或被淘汰。最重要的就是要有自己的创意，不走寻常路才是你脱颖而出的捷径。

二、管理他人方可达成目标

管理者的首要任务是培养和发展人才。找出人们的特长，帮助他们变得更好。发挥出最大的潜能，并随时为他们提供帮助。不要把时间浪费在让所有人都达到相同的能力水平上。找出每个人的特殊才能，每天从他们身上找出一些值得肯定的闪光点，激活他们的天赋与渴望。不论你认可人们的什么行为，未来你都会得到更多回报。

1. 管理的任务是充分开发人力资源

李嘉诚的用人之道非常卓越。他少年时，曾听父亲讲战国孟尝君的故事，深知孟尝君能成大事，是“客卿”之助。因此，他在创业过程中，不断拉拢“客卿”，最终成就宏业。

创业之初，忠心苦干的左右手，使长江实业在20世纪80年代得以急速扩展及壮大，股价由1984年的6港元，升到90港元（抛开通货膨胀），这和李嘉诚不断提拔年轻得力的助手有很大关系。

一开始，李嘉诚就聘用了不少“洋人”。

在20世纪70年代初，他为了从塑胶业彻底脱身投入地产业，聘请美国人赖斯纳任总经理，李嘉诚只参加重大决策。

其后，长江实业又聘请一位美国人鲍勒为副总经理。这两位美国人都是掌握最现代化塑胶生产技术的专家，李嘉诚付给他们的薪金，远高于他们的华人前任，并赋予他们实权。

20世纪80年代中期，李嘉诚已经控有几家老牌英资企业，这些企业里有很多外籍员工。李嘉诚又用外国人管理外国人，这样更利于相互间的沟通，同时更有利于开拓国际市场与进行海外投资。

长江实业董事局副主席麦理思是英国人，曾任新加坡虎豹公司总裁，因业务关系与李嘉诚认识，后加盟长实，与本港洋行和境外财团打交道。李嘉诚很器重他，不仅看重他的英国血统、名校文凭，更重要的是他是一位优秀的经济管理专家。

李嘉诚入主和黄洋行后，韦理卸职，李嘉诚提升麦理思为行政总裁，自己任董事局主席。麦理思离职后，李嘉诚又雇用另一位英国人马世民担任行政总裁。

这样，马世民是长实集团除李嘉诚外，第一个有权有势，炙手可热的人物。另外，青州英泥行政总裁布鲁嘉，也是英国人；在和黄、港灯两大老牌英资集团旗下留任的各分公司董事长、行政总裁也达数十人之多。

因此，评论家认为：李嘉诚的内阁，既结合了老、中、青的优点，又兼备中西方的色彩，是一个行之有效的合作模式，这是长江实业发展的一个重要因素。

在企业管理中，作为企业的领导者，管理的真正任务就是充分开发人力资源，将公司全体员工的能量都释放出来，让合适的人在合适的位置上，实现公司利润的几何倍增。

因此，管理者应多几个得力的"客卿"。无论是"中"是"详"，只要能在最佳的位置发挥最大的作用，都应当加以重用。

作为领导者，不能单凭其表象就对下属职员做出定性，确定孰优孰劣，而要善于发掘其背后潜藏着的一面。要把问题看深看远，要进行综合评估。一方面不能夸大其优势无视其不足，亦不可只见其缺点，不见其优点，走入以短掩长的误区。

水晶刚出土时，是一块黑乎乎的东西，若据此判断是废物而扔掉，岂不可惜？不可否认，企业中也有潜藏的"高人"，或许他们不善表达、性格木讷，不善广结人缘，只是勤勤恳恳地做好手头的工作，是很容易被忽略的角色。领导若能深入其中，做一些适当的观察与了解，就有可能发现他原来在某一技术领域是个行家。

相反，如果领导没有发掘潜在人才的观念或眼力，或者看不到一个人的短处在一定程度上能转化为优势的客观事实，而只是轻易认定

“某某无用”，这就犯了企业用人中以短掩长之大忌。

“一叶障目，不见泰山”，就不可能达到企业人力资源的最有效配置，为企业创造新高奠定最为稳固可靠的基础。只有做到“智者取其谋，愚者取其力，勇者取其威，怯者取其慎”，才会促使企业在市场竞争中蒸蒸日上。

现代社会的竞争，其实质就是人才的竞争。一个国家如此，企业亦然。如何科学、合理、有效地唯才是用，是摆在企业各级领导面前的首要难题。企业里没有无用的人才。只有不会用人才的领导者。

一天，庄子和他的学生在山上看见山中有一棵参天古木因为高大无用而免遭于砍伐，于是庄子感叹说：“这棵树恰好因为它不成材而能享有天年。”

晚上，庄子和他的学生又到他的一位朋友的家中作客。主人殷勤好客，便吩咐家里的仆人说：“家里有两只雁，一只会叫，一只不会叫，将那一只不会叫的雁杀了来招待我们的客人。”

庄子的学生听了很疑惑，向庄子问道：“老师，山里的巨木因为无用而保存了下来，家里养的雁却因不会叫而丧失性命，我们该采取什么样的态度来对待这繁杂无序的社会呢？”

庄子回答说：“还是选择有用和无用之间吧，虽然这之间的分寸太难掌握了，而且也不符合人生的规律，但已经可以避免许多争端而足以应付人世了。”

世间并没有一成不变的准则。面对不同的事物，我们需要不同的评判标准。对于人才的管理尤其明显。一个对其他企业相当有用的人对自己来说不一定有用，而把一个看似无用的人摆正地方也许就能为你创造出你意想不到的收益。

聪明的领导人应该学会发现人才的优点，使得人尽其才，尽量避免人才浪费。审慎选择适当人选是非常重要的，而这必须靠平日不断地观察，留意每个人的发展动态。在检视的过程中，不仅要发掘能干的部属，并且还要剔除办事不力的员工。

善于用人，不仅要善于将人才放在合适的位置上，更重要的是要知道如何发挥他们的最大特长，知道如何充分利用他们的特点，甚至“变废为宝”。凡事都有一个安置的地方，一切都在它应在的地方。会用人既是最大的本事，也是一门艺术。

它需要具备伯乐的智慧，既要通晓人性的各种弱点，又要懂得运用为人处世的种种技巧。正所谓，磨刀不误砍柴工。身为企业的带头人，花点时间和精力去研究用人的奥妙是值得的。用错了人，不但不会给企业带来任何效益，反而会越帮越忙，而用对了人，将使你的工作更加轻松自如。

未来企业的发展是不可能只依靠一种固定组织的形态而运作，必须视企业经营管理的需要而有不同的团队。所以，每一个领导者必须学会如何组织团队，如何掌握及管理团队。企业组织领导应以每个员工的专长为思考点，安排适当的位置，并依照员工的优缺点，做机动性调整，让团队发挥最大的效能。企业领导的任务在于知人善任，提供企业一个平衡、密合的工作组织。

管理智慧

世间没有无用的人，只有不会用人的领导。凡事都有一个安置的地方，一切都在它应在的地方。会用人既是最大的本事，也是一门艺术。

2. 优秀的人才是企业发展的硬道理

韦尔奇曾在通用电气担任十几年的首席执行官，他认为发现合适的人才是最重要的。

一次，他在公开场合说：“我们的管理层一定要保持在A级，要讲究团队精神，要服从公司的价值观。同时坚持要求辞退C级领导人，去掉那些没有融入我们通用电气的价值观中的、没有什么正事干的经理。至于B级领导人，我则想让他们保持价值并继续进步。”

观众席上的人一片哗然，一个年轻人站起身，问道：“请问韦尔奇先生，什么是ABC三级人呢？您判断的标准是什么？”

韦尔奇微微一笑，说道：“这很简单，你们认为ABC三级的标准是什么呢？”

观众议论纷纷，各抒己见。

韦尔奇停了一会儿，继续说：“没错，你们都说得对。我给你们最大的建议是，你们不能单单做这些分类工作。当有最聪明的人在你们的团队里时，你们必须感到十分舒服。如果做到了，你们就入门了。”

“我们是超一流的公司，我们只想要A级的员工，好好使用最好的，给他们以回报，提升他们，给他们更多的机会。如果不能得到最好的人才，甚至比你还要聪明的人才，就是在欺骗自己。同时，我们必须有自信，在这种情况下，我们必须感到很自在才行。”

又有一个人起身问道：“这是不是就意味着我们不能使用BC级人才呢？”

“是的。我们没有必要花太多功夫使C级转变为B级，这是一种枉费力气的工作。C 类员工在任何团队、在任何层次都将成为障碍。假如支持一个 C 类员工，你们中谁也成不了 A 类员工。当你裁掉 C 类员工时，走向更大成功的障碍被清除了，某些 B 类员工也将成为新的 C 类，所以必须无情地重复这一过程。”

“为了给予我们的员工他们想要的和应得的，我们必须比以往更好地工作。为了这样，必须有勇气去除那些不是最好的，有胆量雇用最好的，甚至比你更好的员工。我们通用公司才会成为比世界上任何一家公司成长更快更好的公司、在更多的领域有更多的机会发展。好好利用、重视那些 A 类员工吧！”

能使用优秀的人就不怕没有优秀的企业。在现代管理中，留下最优秀的人才是企业发展的硬道理，也是管理者选拔人才的一项基本原则。

有了这项原则，就能让比较优秀的人才走到前台来，担任重要的角色。因此，在选拔人才时，一定要做好择优工作，做到广泛择优，好中选优，优中选优。

有一天晚上，索尼董事长盛田昭夫按照惯例走进职工餐厅与职工一起就餐、聊天。他多年来一直保持着这个习惯，以培养员工的合作意识和与他们的良好关系。

这天，盛田昭夫忽然发现一位年轻职工郁郁寡欢，满腹心事，闷头吃饭，谁也不理。于是，盛田昭夫就主动坐在这名员工对面，与他攀谈。

几杯酒下肚之后，这个员工终于开口了：“我毕业于东京大学，有一份待遇十分优厚的工作。进入索尼之前，对索尼公司崇拜得发狂。当时，我认为我进入索尼，是我一生的最佳选择。但是，现在才发现，我不是在为索尼工作，而是为课长干活。坦率地说，我这位科长是个无能之辈，更可悲的是，我所有的行动与建议都得科长批准。我自己的一些小发明与改进，科长不仅不支持，不解释，还挖苦我癞蛤蟆想吃天鹅肉，有野心。对我来说，这名课长就是索尼。我十分泄气，心灰意冷。这就是索尼？这就是我的索尼？我居然要放弃了那份优厚的工作来到这种地方！”

这番话令盛田昭夫十分震惊，他想，类似的问题在公司内部员工中恐怕不少，管理者应该关心他们的苦恼，了解他们的处境，不能堵塞他们的上进之路，于是产生了改革人事管理制度的想法。

之后，索尼公司开始每周出版一次内部小报，刊登公司各部门的“求人广告”，员工可以自由而秘密地前去应聘，他们的上司无权阻止。

另外，索尼原则上每隔两年就让员工调换一次工作，特别是对于那些精力旺盛，干劲十足的人才，不是让他们被动地等待工作，而是主动地给他们施展才能的机会。

在索尼公司实行内部招聘制度以后，有能力的人才大多能找到自己较中意的岗位，而且人力资源部门可以发现那些“流出”人才的上司所存在的问题。

这种“内部跳槽”式的人才流动是要给人才创造一种可持续发展的机遇。在一个单位或部门内部，如果一个普通职员对自己正在从事的工作并不满意，认为本单位或本部门的另一项工作更加适合自己，想要改变一下却并不容易。

许多人只有在干得非常出色，以致感动得上司认为有必要给他换个岗位时才能如愿，而这样的事普通人一辈子也难碰上几次。当职员们对自己的愿望常常感到失望时，他们的工作积极性便会受到明显的抑制，这对用人单位和职员本身都是一大损失。

一个单位，如果真的要用人所长，就不要担心职员们对岗位挑三挑四。只要他们能干好，尽管让他们去争。争的人越多，相信也干得越好。对那些没有本事抢到自认为合适岗位又干不好的剩余员工，不妨让他待岗或下岗，或者干脆考虑外聘。

索尼公司的内部跳槽制度就是这样，有能力的职员大都能找到自己比较满意的岗位，那些没有能力参与各种招聘的员工才会成为人事部门关注的对象，而且人事部门还可以从中发现一些部下频频“外流”的上司们所存在的问题，以便及时采取对策进行补救。

这样，公司内部各层次人员的积极性都被调动起来。当每个干部职工都朝着“把自己最想干的工作干好，把本部门最想用的人才用好”的目标努力时，企业人事管理的效益也就发挥到了极致。

美国国际商业机器公司（IBM）是世界首屈一指的高科技公司，在这个公司里，具备“野鸭精神”的人才受到青睐和重用。

公司总经理沃森把丹麦哲学家歌尔科加德的一段名言作为自己的格言：“野鸭或许能被人驯服，但是一旦被驯服，野鸭就失去了它的野性，再无法海阔天空地自由飞翔了。”

沃森强调：“对于那些我并不喜欢、却有真才的人的提升，我从不犹豫。我所寻找的就是那些个性强烈、不拘小节、有点野性，以及直言不讳的人。如果你能在你的周围发掘许多这样的人，并能耐心地听取他们的意见，那你的工作就会处处顺利。”

沃森把创新作为“野鸭精神”的化身，他采取种种措施激励员工创造发明，不断地发展新技术产品，取得了国内外市场的制胜权。“野鸭精神”成为IBM公司迅猛发展的基石和动力。

通用食品公司、花旗银行和安龙天然气等大公司，其高级主管都直接参与人才的招募过程，并亲自主持一些面谈。以实际行动重视人才。

久负盛名的沃顿商学院负责职业开发的安德鲁·亚当斯说："公司不能只是在口头上说引进人才多么重要，却又不采取实际行动。公司的高级主管应当参与人才招聘活动。"领导亲自出马，势必使求职者从心理上感到一种满意和欣慰，这对消除他们对洋老板的心理障碍大有好处。

老板亲自出马，能在招聘会上引起许多人的关注，当然也能吸引更多的应聘者。如此，选择余地大大增加，有利于选到更优秀的人才。一些高级管理人员说，他们的招聘程序不同于专职的招聘人员，负责人事关系的部门总是在寻找能填补某些职位空缺的人员，而老板和高级管理人员则不同，他们总是先搜罗人才，然后为他们安排合适的岗位。

老板亲临招聘现场，与求职者面对面地直接交谈，能从心理素质、外语水平、专业知识等方面对他们进行全面系统的考核。这不仅避免了过去招聘过程中的某些失误，同时也简化了筛选过程，节省了人力物力，特别是节省了宝贵的时间。

同时也等于向求职者发出了这样的信息：一旦加盟本公司，就更容易接触到公司高层管理人员。如果求职者在被招聘以前就有机会和高层管理人员交谈，那么他们就会认为，当自己成为公司职员后，更容易受到关注。

管理智慧

高级管理人员往往能更有效地向人才介绍本公司的远景目标。而对于新成立的富有活力的公司来说，其创建者通常在挑选职员时十分仔细，老板亲临招聘现场，则可使求职者以最快速度了解与适应公司的文化氛围和环境。

3. 拥有人才则可坐拥天下

人才就是资源。在松下电器的各家工厂，随处可见这样的广告牌：“造物之前，要先造就人才”。

1956年，松下电器召开了一次人事主管研讨会，与会者是各部门的主要负责人。松下幸之助莅临讲话，直接发问：“你在拜访客户时，如果对方问你，松下电器是制造什么产品的公司，你们如何回答？”

业务部的人事科长恭恭敬敬地回答：“我会告诉他，松下电器是制造电器产品的。”

“错了，像你这样回答是不负责任的！”松下幸之助的训斥响彻整个会场。

难道这么说错了吗？难道松下电器公司不是生产电器产品的吗？与会者都莫名其妙，遭训斥的人事科长更是摸不着头脑。

松下幸之助脸色很难看，怒气冲冲地说：“你们这些人都在人事部门任职，难道还不懂得培育人才是你们最主要的职责吗？如果有人问松下电器是制造什么的，你们应该回答松下电器是培育人才的公司，并且兼做电器产品。否则就是严重渎职！”

“经营的基础是人，对于这一点，我不知讲过了多少次。在企业经营上，资金、生产、技术、销售等固然重要，但人却是这些东西的主宰。归根结底人是最重要的，如果不从培育人才开始，那松下电器还有什么希望呢？”

类似的问题，松下幸之助还经常拿来提问刚进来的员工，如果回答不是“造人先于造物”，松下幸之助就向该员工的上司问罪。正因如此，松下电器公司的重视人才的观点渐渐深入人心。

没人否认，培养人才对企业发展的重要性。松下幸之助在这方面是成功的，但这毕竟是少数。很多商人不断地积累金钱，因为金钱使他们觉得安全。但聪明的商人却聚拢人才、培育人才，因为人才使他们的抱负得以施展，金钱总有用尽时，而拥有人才则可坐拥天下。

有这样一则故事：有两个和尚分别住在相邻的两座山上的庙里。两山之间有一条溪，两个和尚每天都会在同一时间下山去溪边挑水。久而久之，他们便成为好朋友了。

弹指一挥间，不知不觉，时间在每天的挑水中，一晃就是五个春秋。

忽然有一天，左边这座山的和尚没有下山挑水，右边那座山的和尚心想："他大概睡过头了。"便不以为意。哪知第二天，左边这座山的和尚，还是没有下山挑水，第三天也一样，过了一个星期，还是一样。

直到过了一个月，右边那座山的和尚，终于按捺不住了。他心想："我的朋友可能生病了，我要过去探望他，看看能帮上什么忙。"于是他便爬上了左边这座山去探望他的老朋友。

等他到达左边这座山的庙看到他的老友之后，大吃一惊。因为他的老友正在庙前打太极拳，一点也不像一个月没喝水的人。他好奇地问："你已经一个月没有下山挑水了，难道你可以不用喝水吗？"左边这座山的和尚说："来来来，我带你去看看。"

于是，他带着右边那座山的和尚走到庙的后院，指着一口井说："这五年来，我每天做完功课后，都会抽空挖这口井。虽然我们现在年轻力壮，尚能自己挑水喝，倘若有一天我们都年迈走不动时，我们还能指望别人给我们挑水喝吗？

所以，即使我有时很忙，但也没有间断过我的挖井计划，能挖多少算多少。如今，终于挖出井，我就不必再下山挑水，可以有更多的时间，来练习我喜欢的太极拳了。”

企业在经营管理时，是否也要为自己“挖一口井”呢？培养新人，注重员工的培养，给未来投资，这何尝不是企业的长远之“井”呀！

人才的培养是决定企业生存和发展的命脉，企业的发达，乃人才的发达；人才的繁荣，即企业的繁荣。企业未来的生存和发展应着眼对人才的培养。

为适应“知识经济”的潮流和我国加入 WTO 的国际竞争，国内企业正在纷纷招揽人才、大打人才战、然而，目前不少企业过分看重从外部吸引人才，却忽略了对现有人才的培训和开发，而春兰集团的领导者却深知，一家企业不但需要用好人才，更要培养好人才。

由于现有人才熟悉企业历史，深知企业所需，并有着为企业奋斗的信念，他们成长的机会给企业带来无限的生机和活力。

中国加入 WTO 后，春兰集团把企业的发展方向从国内转向国外，把培养国际化人才放在企业发展战略的首位。围绕这一目标，春兰集团主要从三个方面做好专业技术人员的继续教育工作。

一是创造良好的学习环境。1998 年，春兰投资 6000 万元建成国内第一所企业大学——春兰学院，院内设置了一整套的语音室、微机室和实验室等，并配备了健全的教师队伍。

二是建立完善的培训制度。春兰有完善的全员培训计划，所有员工每年必须参加相应的继续教育，对专业技术人员的要求更为严格。《春兰科技工作条例》规定所有的专业技术人员每年必须参加 100 课时以上的专业培训。

《春兰职工培训制度规定》中规定对专业技术人员的技术教育要进行相应考核，并将考核结果存入个人档案，作为年终考核和服务晋升的依据之一。2001 年春兰专业技术人员赴国外进修 150 多人次，参加国内高级技术与管理方面的研讨班、培训班120多人次，组织内部培训和进修4000多人次。

三是与著名高校合作，共同培养人才。为有效提高专业技术人员的业务水平，提高企业开拓国际市场的能力，春兰与国内外一些著名高校建立了长期合作的关系，如美国麻省理工学院、南京大学、上海交大和上海理工大学等，充分利用高校的理论优势和最新技术成果为技术人员充电，各高校为春兰培养了MBA、国际贸易、制冷、计算机、电子、广告策划和人力资源管理等10余个专业的数百名各类人才，大大提高了企业核心竞争力。

正是由于重视人才的不断培养，春兰从一个年产值不足1000万的小型企业，迅速发展成年产30多个亿的国家级大型企业，中国最大的空调基地，世界七大空调生产基地之一，形成由24家法人企业组成，拥有家电、自动车、投资贸易三大支柱产业，实行科工贸结合的跨地区、跨行业经营，以公有制为主体的混合所有制大型企业集团，实现了春兰发展的“核裂变”。

而春兰培养人才的经验表明，企业发展的动力来自企业内部，特别是对于加入WTO后的中国企业来说，紧贴时代需求，培养好现有人才，充分挖掘他们的潜力，是保证企业持续发展、有效参与国际竞争的一条快捷、高效的途径。

管理智慧

人才建设是任何一个企业生存、发展的重中之重，没有了人才，一切都无从谈起，因此，对人才的培养事关企业的成败！

4. 将恰当的人放在最恰当的位置上

20世纪90年代末，已经50多岁的市川永次被派到泰国本田汽车制造公司当社长。

在泰国，市川永次常常每天只睡三四个小时，并在员工之前来到工厂，这是他对自己的严格要求。在工厂8点准时播放国歌、升国旗的时候，他也换上工作服，与员工一起向泰国国旗敬礼，这给员工留下了很好的印象。

在取得这些异国员工的认同之后，他决定“通过本田道路改变泰国人的思想方式、工作方式”。他发现泰国有重视学历、资历的倾向，他感到必须改变这种思维方式。于是，他把本田公司在任何方面重视技术胜过重视学历和资历的原则灌输给员工。

为此，他制定了技师制度，贯彻“一切由技术来说话”的原则。他以总部的资格制度为范本，设一级、二级、三级三个等级，实施资格考试。第一次参加考试的员工就超过400人，合格的181人，大多数是二级、三级，但其中通过一级考试的也有2人，这种做法受到了泰国员工的普遍欢迎。

市川永次还用厚纸板做了资格证明书，一个一个地签字后交给员工。这是一件非常费事的事情，但对泰国员工来说，是一个很大的鼓励。

市川永次达到了他的第一个目的，但是，仅仅提高职工的技术水平是不能达到国际水平的。他还需要让泰国的员工认识到个人、公司、国家、世界相互之间需要建立一种什么样的关系，在什么样的结构和规则下行动，训练他们在国际水平上考虑问题。

于是他买了几百张世界地图，不厌其烦地亲自贴在车间。

他对员工语重心长地讲：“泰国位于什么地方，我们公司制造出来的汽车出口到什么地方，各种配件是从哪里进口的等问题，这些都是我们在制造汽车时应该知道的。”

同时，他还先后几次派员工到日本本田总部学习，培训时间长达半年。

临行前，他发表了鼓动性的讲话。他说：“我想要让你们每个人都肩负使命。你们愿意学质量管理，就去质量管理部门；愿意学规格管理，就到规格管理部门接受训练。半年后，你们从日本归来，肯定会发生质的变化。”

果然，这些从日本回来的泰国员工在专业水平上都获得了很大的提高，而且都充满了干劲。

公司是一个整体，是一盘棋，如何让这些棋子都能起到自己应有的作用，这是经营管理者的重要任务。

因此，要让每个人都肩负使命，各就其位，这就需要彻底地了解员工，让每个员工都意识到自身的重要性，量才适用，适才所用，尽其所长。

中国对外经济贸易合作部部长龙永图在中国入世谈判时曾选过一位秘书。当龙永图选该人当秘书时，全场哗然，因为这个人根本不适合当秘书。

在众人眼中，秘书都是勤勤恳恳、少言少语的，讲话很少，做事谨慎，对领导体贴入微。但是龙永图选的秘书，处事完全不一样。他是一个大大咧咧的人，从来不会照顾人。

每次龙永图和他出国，都是龙永图走到他房间里说，请你起来，到点了。对于日程安排，他有时甚至不如龙永图清楚，原本9点的活动，他却说9:30，经过核查，十有九次他是错的。

但为什么龙永图会选他当秘书呢？因为龙永图是在其谈判最困难的时候选他当秘书的。当时由于谈判的压力大，龙永图的脾气也很大，有时候和外国人拍桌子，回来以后一句话也不说。每次龙永图回到房间后，其他人都不愿自讨没趣到他房间里来。

唯有那位秘书，每次不敲门就大大咧咧走进来，坐到龙永图的房间就翘起腿，说他今天听到什么了，还说龙永图某句话讲得不一定对等等，而且他从来不叫龙永图为龙部长，都是“老龙”，或者是“永图”。

他还经常出一些馊主意，被龙永图骂得一塌糊涂，但他最大的优点就是禁骂。无论怎么骂，他5分钟以后又回来了，哎呀，永图，你刚才那个说法不太对。

这位秘书是个学者型的人物，他对很多事情不敏感，人家对他的批评他也不敏感，但是他是世贸专家，他对世贸问题简直像着迷一样，所以在龙永图脾气非常暴躁的情况下，在龙永图当时难以听到不同声音的情况下，那位禁骂的秘书对龙永图就显得分外重要了。

世贸谈判成功以后，龙永图的脾气好多了，稀里糊涂的秘书已不再适合龙永图的“胃口”，于是龙永图很快把他送走了。

这里，读者可不要误解龙永图是个过河拆桥之人。因为一个人在某个特定的历史背景、某个特定的历史时期，他做某件事情适合，但是换一个时间，他可能就不适合了。

诚然，龙永图是位卓越的领导，因为他非常清楚什么时候什么人最适合什么工作，什么时候该用什么人，什么时候不该用什么人，这一点，是常人所无法望其项背的。

管理的任务简单地说，就是找到合适的人，摆在合适的地方做一件事，然后鼓励他们用自己的创意完成手上的工作。

企业管理者要按照生产经营管理的要求和员工的素质特长，合理地“用兵点将”，根据员工的不同情况，给他们安排最适合的工作，从而既不会埋没、浪费人才，又能使员工得心应手地开展工作。

企业的人才有时就像企业生产产品所需要的材料一样，需要十分合适，如果所选的人才不合适，就无法满足企业的需要。

所以，松下幸之助认为，企业运用人才的原则主要是合适。小材大用，大材小用，都不是理想的用人准则，唯有适才专用，才能使人的作用发挥到极致。

松下于1918年开始做生意，当时公司的规模很小，所幸那时松下已拥有了适合的人才。按照公司当时的规模，当时在学校排前三名的优秀学生是不会到松下电器公司来的，如果他们来了，松下也会感到困扰，因为没有合适的工作给他们做。

到松下店里来工作的人，大部分都来自普通小学，公司那时甚至想要招中学毕业的人才都须费一番工夫。直到1927年，松下才开始网罗专业学校的人才。也就是说，松下做了九年生意，才第一次雇用了两名从专业学校毕业的学生。

这使松下感觉到，企业雇用的人才都要适合工作的需求，这样才能把生意做起来。因此，后来松下公司所属不管哪一家分公司或事业部，都以寻求适合自己立场和经营状态的人才为原则。

在松下看来，雇用太优秀的人有时有些麻烦。虽然他们也是勤快的工作者，但大都会抱怨："这么无聊的工作，一点乐趣也没有。"但如果公司聘用的不是这么自负优秀的人，他们就会常心存感谢，因满意自己担任的职务和工作环境而认真工作。

所以松下认为，有时雇用太优秀的人反而不好。在日本有句话："适合身份"，意思就是以公司经营政策为前提，雇用身份合适的人。若人们都能热心地去寻找这些人，就不会觉得人才难求了。

松下最后总结说，世上没有十分圆满的事情，如果公司能雇用到七十分的中等人才，说不定反而是公司的福气，何必一定要去找一百分的人才呢？

管理智慧：

公司就好比一个小分队，也是由各种各样的人组成的，他们都有自己的看家本领。身为管理者，你就要做到对部下的特点、能力，甚至性格了如指掌，做到适才适所，使其内在的潜力得到充分的发挥。唯有如此，你的公司才可能高人一筹。

5. 俘获员工的心企业更具竞争力

有很多公司管理者，比较喜欢在管理岗位上板起面孔，做出一副父亲的模样。他们大概觉得这样才能赢得下属的尊重，树立起自己的权威，从而方便管理。这是走入了管理的误区。

现代人的平等意识普遍增强了，板起面孔不能真正成为权威！放下尊长意识，去做下级的朋友，也许将使工作更具效率、更富创意，事业也终将辉煌！

美国斯凯特朗公司总裁阿瑟·列维是一位体恤部下、爱惜人才的企业家。

为了研制闭路电视，列维录用了一位颇有才干的青年技师比尔。比尔一上任，就一头钻进实验室，整整干了一个星期。在工作最紧张的时候，比尔甚至几天都不离开实验室，连饭都是别人送去的。

实验告一段落后，疲惫不堪的比尔好像老了十岁，他倒头便睡，过了一天一夜才醒过来。

因休息不足而眼窝深陷、神情疲乏的比尔使列维深受感动。他拉着比尔的手，真诚地说："我希望你改变一下工作方式，否则，我会停止闭路电视的研制工作。"

"为什么？"比尔一时没有反应过来。

列维心疼地说："因为像你这样不分昼夜、不顾性命地工作，不等新产品问世，你就垮了。我宁愿不做这笔生意，也不想赔上你这条命啊。"

比尔为列维对自己的关心而感到激动，他说："不会的，我已经习惯了，我们这种做研究工作的人都这样，真的已经习惯了。”

列维听了这话，眼泪都快流下来了。他伤感地说：“是的，搞研究的人少有长寿者。但我希望你能节制一点，虽然我们相处时间不长，但我知道你已经竭尽全力了。对我来说，这就足够了，就算研究不成功，我也不会责怪你，你也用不着为此而自责。”

比尔因此更加感动，萌发出一种愿为列维“赴汤蹈火”的豪情和勇气。以后，他一如既往，夜以继日地工作。

结果，不到半年时间，闭路电视研制成功。这项新技术的问世，为斯凯特朗电视公司的进一步发展奠定了坚实的基础。

对知识人才来说，重要的并非是物质上的利益，而是爱惜和珍视。投一分珍视与真情，就会得到十分的回报。

作为主管，不仅要关心下属的身体，关心他们的生活，更重要的是要做他们的知己。只有当管理者与下属成为知己，无论是合作，还是贡献都将不成问题。

古语云：得人心者得天下！只有真正俘获了员工的心灵，员工才会为企业的发展死心塌地地工作。在企业管理中多点人情味，少些铜臭味，有助于培养员工对企业的认同感和忠诚度。有了这些，企业在竞争中就能无往而不胜。

俗话说：“良言一句三冬暖，恶语伤人六月寒”，有时候怀柔政策胜于激烈对抗。企业经营的核心是客户，把客户需要放在第一位，用和煦的春风吹化客户心中的坚冰，才能得到对方的信任和支持。

连续20年保持赢利的美国西南航空公司则通过处处为员工提供支持，保持了员工对公司的高度认同和工作热情。

西南航空公司要求管理层要经常走近员工，参与一线员工的工作，倾听员工的心声，告诉员工关于如何改进工作的建议和思想。与其他服务性公司不同的是，西南航空公司并不认为顾客永远是对的。

公司总裁赫伯·克勒赫说："实际上，顾客也并不总是对的，他们也经常犯错。我们经常遇到毒瘾者、醉汉或可耻的家伙。这时我们不说顾客永远是对的。我们说：你永远也不要再乘坐西南航空公司的航班了，因为你竟然那样对待我们的员工。"

正是这种宁愿"得罪"无理的顾客，也要保护自己员工的做法，使得西南航空公司的每一个职员都得到了很好的关照、尊重和爱。员工们则以十倍的热情和服务来回报顾客。

赫伯·克勒赫说："也许有其他公司与我们公司的成本相同，也许有其他公司的服务质量与我们公司相同，但有一件事它们是不可能与我们公司一样的，至少不会很容易，那就是我们的员工对待顾客的精神状态和态度。"这正是西南航空公司长期盈利的秘诀所在。

在我们看来，这些公司所运用的一些方法似乎都不足为奇，但要持之以恒地去做这些事情却并非易事。成功的企业之所以能成功，就在于它一以贯之地做到这一点。

让你的员工快乐起来！

跟一位朋友一起工作，远比在"父亲"之下工作有趣得多。他们大概觉得这样才能赢得下属的尊重，树立起自己的权威，从而方便管理。这是走入了管理的误区。

现代人的平等意识普遍增强了，板起面孔不能真正成为权威！必须放下尊长意识，去做下级的朋友，才会有更多的快乐，也将使工作更具效率、更富创意，事业也终将辉煌！给员工快乐的工作环境，员工给你高效的工作回报。让你的员工快乐起来！

有关调查结果表明，企业内部生产率最高的群体，不是薪金丰厚的员工，而是工作心情舒畅的员工。愉快的工作环境会使人称心如意，因而会工作得特别积极。不愉快的工作环境只会使人内心抵触，从而严重影响工作的效绩。怎样才能使员工快乐起来呢？美国 H.J. 亨氏公司的亨利·海因茨告诉了我们答案。

亨氏公司是美国一家有世界级影响的超级食品公司，它的分公司和食品工厂遍及世界各地，年销售额在 60 亿美元以上，其创办者就是亨利·海因茨。

亨利于 1844 年出生于美国的宾夕法尼亚州，很小就开始做种菜卖菜的生意。后来，他创办了以自己名字命名的亨氏公司，专营食品业务。由于亨利善于经营，公司创办不久他就得到了一个“酱菜大王”的称誉。到 1900 年前后，亨氏公司能够提供的食品种类，已经超过了 200 种，成为美国颇具知名度的食品企业之一。

亨氏公司能取得这样的成功，与亨利注重在公司内营造融洽的工作气氛有密切关系。在当时，管理学泰斗泰勒的科学管理方法盛极一时。在这种科学管理方法中，员工被认为是“经济人”，他们唯一的工作动力，就是物质刺激。

所以，在这种管理方法中，业主、管理者与员工的关系是森严的，毫无情感可言。但是，亨利不这样认为。在他看来，金钱固然能促进员工努力工作，但快乐的工作环境对员工的工作促进更大。

于是，他从自己做起，率先在公司内部打破了业主与员工的森严关系：他经常下到员工中间去，与他们聊天，了解他们对工作的想法，了解他们的生活困难，并不时地鼓励他们。

亨利每到一个地方，那个地方就谈笑风生，其乐融融。他虽然身材矮小，但员工们都很喜欢他，工作起来也特别卖力。

管理智慧

现代人的平等意识普遍增强了，板起面孔不能真正成为权威！放下尊长意识，去做下级的朋友，会有更多的快乐，也将使工作更具效率、更富创意，事业也终将辉煌！

6. 管理也应该有其柔性的一面

今天的企业管理，正在朝着科学化、精确化的方向发展，这实际上是一种刚性管理；而管理者或多或少都忽视了，管理也应该有其柔性的一面。

在21世纪的今天，虚拟组织、柔性团队正在成为管理的主流，企业的柔性管理也受到了空前的重视。所谓柔性管理，从宏观层面上看，是一种对“稳定和变化”同时进行管理的新战略。

当今世界，科学技术飞速发展，生产与供给能力急剧膨胀，产品生命周期在迅速缩短；随着经济全球化进程的日益推进和网络技术的日益普及，全球各地的市场已趋饱和，消费偏好瞬息万变，全球市场变成了一个由个性化、多样化与人性化组成的变幻不定的万花筒。

美国国际农机公司创始人、世界第一部收割机的发明者西洛斯·梅考克，人称企业界全才。他几十年的企业生涯，历尽起落沧桑，但他以全才的素质，屡屡赢得成功。

梅考克掌握着公司的所有大权，有权左右员工的命运，但他从不滥用职权。相反，他经常为员工设身处地的着想，在实际工作中，既坚持制度严肃性，又不伤员工的感情。

一次，一个老员工违反了工作制度，酗酒闹事，迟到早退。按照公司管理制度，他应当受到开除的处分。管理人员做出了这一决定，梅考克在决定上批示赞同。

决定一公布，这个老员工立刻火冒三丈。他委屈地对梅考克说：“当年公司债务累累时，我与您患难与共，三个月不拿工资也毫无怨言，如今犯了这点错误就把我开除，真是一点情分也不讲！”

听完老员工的叙说，梅考克平静地对他说：“你知道这是公司，是个有规矩的地方。这不是你我两个人的私事，我只能按规定办事，不能有一点例外。”

后来，梅考克了解到这个老员工的妻子去世了，留下两个孩子。一个跌断了一条腿，一个因吃不到母亲的奶水而哭泣不停。老员工在极度的痛苦中借酒浇愁，结果误了上班。

了解到这个情况，梅考克为自己的决定后悔，他立即安慰他说：“你真糊涂！现在你什么都不要想，赶紧回家，料理后事，照顾孩子。你不是把我当成你的朋友吗？所以你放心，我不会让你走上绝路的。”

说着，他从包里掏出了一沓钞票塞到老员工手里，嘱咐道：“回去安心照顾家吧，不必担心自己的工作。”

听了他的话，老员工转悲为喜：“你是想撤销开除我的命令吗？”

“你希望我这样做吗？”梅考克问。

“不，我不希望你为我破坏了制度。”

“对，这才是我的好朋友，你放心地回去吧，我会适当安排的。”

事后梅考克安排这个老员工到他的一家牧场当了管家。

有时人们做到了坚持原则却又显得无情，做到了有人情味却又放弃了许多原则，而梅考克在处理老员工时，既能坚持原则，又有人情味，这是难能可贵的。作为一名管理者，必须学习他这种处理两难事情的方法。

20 世纪 80 年代，日本式团队企业管理模式引起全球企业关注，其特点是让职工把公司当成自己的家，并效忠于这个家，鼓励成员参与家庭事务，同时服从家长，必要时为家庭而牺牲自己的利益当然不是被逼的。它让日本人乐于抱团，甘愿为企业拼命。

若从人性角度分析，这也许是人之初，性本善的性善论之反映，是以职工为中心的人本导向管理。美国人吸取了日本式团队精髓，在重新构建公司的系统工程中，构建了美国式团队，即人性化管理模式。

在大多数企业，都有不成文的规矩，即禁止内部员工恋爱。其实，这种做法是不合法，也不可取的。“棒打鸳鸯”只能导致军心涣散，让员工对组织感到寒心。获得如此“待遇”的员工即便留下，也会“身在曹营心在汉”！

日本日立公司有一名叫田中的工程师，他为日立公司工作近 12 年了，对他来说，公司就是他的家，因为甚至连他美满的婚姻都是公司为他解决的。

原来，日立公司内设了一个专门为职员架设的“鹊桥”的“婚姻介绍所”。日立公司人力资源站的管理人员说：这样做还能起到稳定员工、增强企业凝聚力的作用。

日立“鹊桥”总部设在东京日立保险公司大厦八楼，田中刚进公司，便在同事的鼓动下，把学历、爱好、家庭背景、身高、体重等资料输入“鹊桥”电脑网络。

在日立公司，当某名员工递上求偶申请书后，他(她)便有权调阅电脑档案，申请者往往利用休息日坐在沙发上慢慢地、仔细地翻阅这些档案，直到找到满意的对象为止，一旦他(她)被选中，联系人会将挑选方的一切资料寄给被选方，被选方如果同意见面，公司就安排双方约会，约会后双方都必须向联系人报告对对方的看法。

终于有一天，同在日立公司当接线员的富泽惠子从电脑上走下来，走进了田中的生活，他俩的第一次约会，是在离办公室不远的一家餐厅里共进午餐，这一顿饭吃了大约 4 个小时，不到一年，他们便结婚了，婚礼是由公司“月下老”操办的，而来宾中 70% 都是田中夫妇的同事。

在当今这个以人为本的社会里，人的主体地位和价值应得到充分的尊重。企业管理不应忽视人的存在价值，而管理的人性化不仅凸现了管理者的决策水平和管理能力，而且更主要的是，这样的管理符合社会发展和文明进步的需求，也符合作为个体的人的心理期望。

美国戈尔公司就是一个赋予员工极高自由度的公司，他们不指派或命令员工工作，员工可以自己选择工作的数量、完成时间、工作方式与品质。但是，员工却都踊跃工作，原因就是工作是和绩效挂钩的，虽然这和我们普遍采用的绩效方法类似，但是却没有硬性的底线要求。

员工工作的自由度提高了，效率也随之提高了，因为员工可以根据自己的身体状况，心态等综合因素决定工作，这使得生产率与产品品质都提高了很多。没有了硬性的制度约束，领导却同样拥有权威，他们的权威是依靠影响力来塑造的。这样的组织形态具有很高的向心力，员工之间，上下属之间关系非常融洽。

戈尔公司这样的管理形式在世界上都是凤毛麟角的，有些像乌托邦描绘的理想国度，在传统管理认知中是无法成立的企业形态。但是，戈尔公司业务遍布全球，拥有 7000 名员工，是聚四氟乙烯生产技术世界第一的企业，年营业额却超过了 20 亿美元。

有了家庭的温暖，员工自然就能一心一意扑在工作上，由于这个家是公司“玉成”的，员工对公司就不仅是感恩了，而是油然而生一种“鱼水之情”。这样的管理成效是一般意义的奖金、晋升所无法比及的。

如果一个人能在公司中体味到如家庭般的气氛，他便会安心，士气在无形中自然也就增高了。

管理智慧

柔性管理的最大特点主要在于不是依靠权力影响力（如上级的发号施令），而是依赖于员工的心理过程，依赖于每个员工内心深处激发的主动性、内在潜力和创造精神，因此具有明显的内在驱动性。

7. 员工的忠诚是企业发展的关键

古语有云："用人不疑，疑人不用"。运用到当今的企业管理当中，已然有了更多的衍生词。"用人不疑，疑人照用"、"用人需疑，疑人需用"，这些都是对传统"用人不疑，疑人不用"观点的颠覆。然而这些观点的派生并非全然无理。

用人常疑是企业管理者的大忌，在企业内部，如果管理者不相信自己的员工，企业的经营效率就难以提高，企业的竞争力就难以增强。

很多人都有过这样的感受，当你的上司对你的能力或人品持怀疑态度时，你肯定会火冒三丈，要找他理论一番。脾气稍微温和点的员工也会因此而士气全无；更有甚者，会暗中作梗。这些都源于"疑"字，其结果会给企业带来极坏的影响甚至损失。

明末皇帝崇祯生性多疑，用人猜忌多疑，且武断专横，结果成了亡国之君。他的所作所为，教训是极为深刻的。

明代著名将领袁崇焕，文武双全，用兵有方，屡破清兵侵边，努尔哈赤在他的炮火之下曾受重创。崇祯未称帝前就知袁崇焕战功卓著，才能杰出；称帝后便下诏任袁崇焕为兵部尚书，并且赐崇焕尚方宝剑，委以重兵，镇守边关。

但是，崇祯用人猜忌重重，派人暗中监视袁崇焕。当后金统帅皇太极率兵取道蒙古，向北京方向扑来时，袁崇焕急督师回援，想先敌于北京城下，保护京师，并亲自率军抵广渠门。

崇祯却疑忌袁崇焕反叛，不让其率军入城休息。袁崇焕只得身先士卒与来犯之敌展开激烈战斗。

正在这时，朝中嫉贤妒能之人散布流言：有的诬袁崇焕拥兵纵敌，有的诬袁崇焕引敌胁和。崇祯在疑忌中听了流言与密告，将袁崇焕逮捕入狱。阉党余孽也趁机起哄，诬害袁崇焕。

崇祯不问是非，将袁崇焕以谋叛罪处死，这实是自毁长城。无怪乎后人在总结明朝灭亡原因时说：自从袁崇焕死后，边境的战乱就没有停息过，再也没有杰出的人才能阻止清兵侵犯，明代的亡国与崇祯用人多疑关系极大。

在一家企业内部，倘若管理者和员工不能相互信任，企业的社会资本就难以形成，经营效率难以提高，企业的竞争力也就不可能得到增强。

“你真的找到了最好的医生？如果有问题，我可以向你推荐看这种病的医生。”

这是摩托罗拉总裁保罗·高尔文在对员工们表达他的关怀和爱护，只要他听到公司的哪位员工或其家人生病时，他就打电话这样询问：“你真的找到最好的医生了？”

由于他的付出和努力，许多人们请不来的专家被他请来了。而且，在这种情况下，医生的账单可直接交给他，不需要向病人解释。

在经济不景气的年代，员工们最怕失业。为了保住饭碗，他们最怕生病，更怕被老板知道。

比尔·阿诺斯是一位采购员，他现在的两个担心都发生了。他的牙病非常严重，不得已，只有放下工作，因为他实在无力去做事情。而且，他的病还被高尔文知道了。

高尔文看到他痛苦不堪的样子，对他说：“你马上去看病。不要想工作的事，你的事我想好了。”

比尔·阿诺斯做了手术，但他从未见到账单。他知道是高尔文替他出的。他多次向高尔文询问，得到的是直截了当的回答：“我会让你知道的。”

阿诺斯的手术很成功，他知道凭自己的收入是难以承受手术费的。从此他勤奋工作，几年后，他的生活大有改善。一次，他找到高尔文。

“我一定要偿还您代我支付的那个账单。”

“你呀，不必这么关心这件事。忘了吧！好好干。”

阿诺斯说：“我会干得很出色的。但我不是要还您钱……是为了使您能帮助其他员工医好牙病……当然还有别的什么病。”

高尔文说：“谢谢，我先代他们向你表示感谢！”

而实际上，阿诺斯的手术费仅仅是三百美元，这对高尔文来说是一个小数目。可是，三百美元代表的价值是对人的关怀和尊重，因为它爱护了一个人的心灵。

员工的忠诚和积极性是企业生存和发展的关键，管理则是凝聚整个企业组织的粘合剂。因此，作为一名管理者，需要用方法笼络住员工的心，使员工忠于企业，为企业做贡献。

而要使企业赢得员工的信任，领导必须拿出笼络之方，从一件小事开始，关心每一位员工，这是一个相当不错的方法。

有关社会资本的著名国际案例是美国某公司的兴衰史。这家公司失败的最重要原因，并不是因为缺乏资金和人力资源。

1984 年该公司的营业额高达 33 亿美元，拥有 4 万多名员工，可谓实力雄厚。之所以失败，主要是因为其缺乏社会资本，缺乏凝聚公司内部员工的社会基础。公司总裁本人对家族外的美国高层领导者不放心，也不信任。

因此，当外部竞争环境发生变化时，他便把公司大权交给自己的儿子，而本应继承权力的美国职业经理遭到了冷落，结果导致许多有才华的经理人在关键时刻离职而去，公司业绩因此一败涂地，到了不可收拾的地步。

人们在用人实践中探索出一条准则：对所用的人，要给予充分的信任。信任，是人的一种精神需求，是对人才的极大褒奖和安慰。它可以给人以信心，给人以力量，使人无所顾忌地发挥自己的才能。

企业管理者对手下员工，既想利用他的才能，又对他放不下心，总认为人家与自己离心离德，这是管理者用人之大忌。日本松下的一位总裁曾说："用人的关键在于信赖，用他，就要信任他；不信任他，就不要用他。这样才能让下属员工全力以赴。"

在企业中，受上司信任、能放手做事的人，通常会有较强的责任感，所以无论上司交代什么事，都会全力以赴。相反，如果上司不信任下属员工，动不动就指手画脚，使下属员工觉得自己只不过是奉命行事的机器而已，事情成败与他的能力高低无关，因此对于上司交办的任务也就不会全力以赴了。

管理者都知道信任别人对工作会有所帮助，但却很不容易做到。上司在交代员工做事时总会存有许多疑虑，譬如，"这么重要的事情交给他一个人去处理，能负担得来吗？"或者"像这种敏感度很高，需要保密的事，会不会泄露出去呢？"管理者通常会有这种微妙的矛盾心理。

而更微妙的是，当上司以怀疑的眼光去对待员工时，就好像戴着有色眼镜，一定会有所偏差，一件很平常的事也会变得疑虑丛生。相反，以坦诚的态度面对员工，就会发现对方有很多可靠的长处。信任与怀疑之间，就有这么大的差别。

因此，管理者要对所用的成员以诚相待。对于人才一旦委以重任，就要推心置腹、肝胆相照。只有相互信任，才能形成上下“协力同心”的大好局面，才能赢得人才，忠心不渝地献身事业；切忌对部下怀有戒意，妄自猜疑。

古往今来，无论是一个国家的治理还是一个企业的管理都是一样。用易中天先生的话说，曹操乃好老板也。曹操作为一个好老板，是非常会用人的，他十分清楚“争天下必先争人”。

曹操的好不仅在于其用人之术，更在于其用人之道。也就是说曹操善于“洞察人性，洞悉人心”。他知道他的将士跟着他出生入死是为了什么，有时候感情的维系比利益的维系更为重要。此时此刻，抛出一些肺腑之言，的确可以鼓舞士气，甚至笼络人心。

现代社会，人心浮躁，对员工来说工资、职位、福利等个人利益似乎是人们最终追逐的。但有一个规律是，“人才择贤主而归附”，只有在一个好老板手下工作才会实现自己最大的人生价值。

所以企业管理者也请不要忘记，无论什么时候，摄取人心都是非常重要的一环。如何能更好地提高员工工作的积极性，关键在于老板

管理智慧

管理者和员工如果不能相互信任，企业的社会资本就难以形成，经营效率就难以提高，企业的竞争力也就不可能得到增强。管理者只有信任员工才能使企业上下“协力同心”，创造更好的局面。

8. 后继有人才能保持长久生命力

在知识经济时代，人力资本已经超出其他一切资源，成为决定企业经营成败的关键因素。对于一个健康、持续发展的企业来说，关键是要建立一套完善的组织机构和体系；而建立完善的组织机构和体系，其中的一个核心要素就是完善的培养接班人制度。

杰克·韦尔奇说过："高效的领导者都意识到，对领导能力最后的考验就看能否获得持久的成功，而这需要不断地培养接班人才能完成。"韦尔奇并不是只是说说而已，在通用做了20年的CEO后，他认为该是自己交接权棒的时候了。

于是，他选好了伊梅尔特作为自己的继承人，很平静地完成了职位交接仪式。很多人都认为，韦尔奇才65岁，正值自己职业生涯的巅峰状态，退休未免太可惜。但在韦尔奇自己看来，他作为一个CEO，为企业选择自己的接班人是职责所在，他必须为企业的未来进行投资。只有这样，通用才能走得更远、更久。

对自己的退休，他说："我并不是因为觉得自己老了或是累了才决定退休的，而是我认为我在这个位置上已经待了20年了，这个时间太久，公司应该来一个新人给它一个重新的开始。我的成功，要是确实有的话，要由我的继任者在未来的日子里来决定。"

在通用公司，一向注重接班人的培养和挑选。韦尔奇的前任雷吉·琼斯花了7年的时间才最终选定韦尔奇出任通用新的CEO，这被人们视为通用发展史上最为成功的一项决策。韦尔奇需要继续这种决策，他必须花大力气选定自己的继承人，这是对他领导力的又一次重要考验。

在通用公司，有一套严格的选择接班人的制度，这被人们称为“采用系统方式选拔接班人”。这种制度在实行上大体是先提前几年拟出一个候选人名单，这个名单是保密的，甚至连候选人自身往往都不知道自己被纳入了候选名单。

这以后，公司会密切注意候选人的一切动向，所有董事都会对候选人们进行考察和打分。正是通过这种方式，韦尔奇最终选择了伊梅尔特作为自己的接班人，而这个选择过程早在1994年时就开始了。

由于通用坚持一种系统的选人方式，从而使公司内部人才云集。韦尔奇经常不无自豪地说：“这是一家由众多杰出人物管理的公司，而我的功劳，就是为公司物色到了这些杰出人士。”

摩托罗拉公司也以善于培养自己的接班人著称。在摩托罗拉，员工的职业规划和发展，与公司的业务发展密切挂钩，两者做到有机协调地向前推进。

正是因为推行了一套公司采取主动、员工积极参与，旨在发挥每位员工所长的职业规划和发展机制，才使员工的职业得到了良好的发展，公司的人才资源得到了很好利用。

在摩托罗拉，每一个职位一般有三个接班人，第一个是直接接班的，第二个计划在三至五年内接班，第三个要么是少数民族，要么是女性。第三个接班人涉及该公司目前实施的员工多样性发展计划，也就是需要形成多民族、多种族和性别平衡的人员发展结构。

公司将所有的接班人，根据其工作表现和发展潜力进行排名，然后针对不同排名给予相应的培训。正是有了这些制度，使摩托罗拉形成了一个人才的发展梯队，从而能使人才进行正常的新陈代谢，保证公司业务持续、长久的发展。

是否注意培养自己的接班人，对企业未来的发展极为重要。这一点我们比较一下可口可乐和百事可乐的发展历史就能看出来。

现在可口可乐开始走下坡路，为什么？可口可乐以前的古巴籍老板，是著名的管理专家。在位期间，可口可乐的价值极速升值，但是他没有培养接班人。于是当他突然去世时，可口可乐匆忙地换了一个财务总监接任，结果他在任的两年里，可口可乐到处出事。

与此不同的是，百事可乐从 20 世纪 90 年代开始，它的 CEO 就要花 1/3 的时间去培养人。当百事可乐想投资韩国时，他会把这个投资行为当成培养人的工具来用：通过人力资源部在国际各部门中找出 10 个有潜力的人，专门作为培训对象派到韩国去做调查分析。

这 10 位精英要告诉他们的 CEO：去韩国投资到底行不行。继而，副董事长会亲自带队，告诉他们应该怎么去做，怎么分析，通过这位副董事长，总部的文化、理念、经营思维都传递给了这 10 位精英。10 个星期一个项目下来，这 10 位精英在理论、文化、气质上都和总部达成一致。

在培训、塑造的同时，企业又把这个投资项目不折不扣地做了。这 10 位精英各自回到岗位后用不了多长时间，就会到不同的地区做负责人。百事可乐每个季度都会做一次类似的培养。正是对培养继任者的不同态度，导致了“两乐”的不同发展结果。

培养接班人对一个企业的发展作用重大，它能保证企业拥有源源不断的后备人力资源，使企业的正常经营不至于因人员短缺而发生断裂；它能有效地降低、甚至消除员工辞职或离职对企业经营活动造成的损失。

管理智慧

一个完善的培养接班人制度可以让公司的员工感到自己会有公平的提拔、升迁机会，这对提高员工士气、激励员工努力工作、增加员工对企业的凝聚力和向心力都具有明显的作用，从而为企业长远的、健康的发展提供人才。中外无数企业的事例已经向我们证明了这一点。

三、管理团队凝聚团队精神

韦尔奇说："在你成为领导以前，成功只同自己的成长有关。当你成为领导以后，成功都同别人的成长有关。"拥有最好球员的球队并不总是赢得最终的胜利，但同等条件下，获胜的概率要高，作为一个管理者，应该去创造这个或者优于这个条件或者环境，而不是让你变得如何如何的强，而是让你的员工变得更强，变得更会协同。

1. 企业发展离不开团队凝聚力

为什么有些管理者工作能力强，却绩效平平；有些人工作能力不突出，却又有很有突出的绩效，这是为什么呢？其中包括很多客观的因素，但更为重要的是后者更加懂得如何管理下属。管理者最大的成功在于让整个团队凝聚起来。

作为管理者，要使团队具有战斗力，不仅要有良好的个人品质和职业素质，更应具备卓越的管理艺术，用自己的人格魅力感染下属，使下属在理解的基础上尊重和服从，从而有效地形成合力，取得成功。

中国有句古语“一个篱笆三个桩，一个好汉三个帮”。集体的力量，永远是无穷的。“兄弟齐心，其利断金”！不管什么时候，单靠一个人的力量，都是不可能取得大的进步的。集体力量是无法估计的，那么，小团队，怎样发挥出最大的能量呢？答案就是凝聚力。

凝聚力是企业得以发展的基础，企业的管理者应把一定的精力放在企业凝聚力的建设上，使企业员工精诚团结，上下形成一股劲，拧成一根绳，以强大的企业凝聚力使企业在激烈的市场竞争中立于不败之地。

企业的凝聚力不仅是维持企业存在的必要条件，而且对企业潜能的发挥、效率的提高有重要作用。因此企业管理者应在工作中采取必要的措施不断增强企业的凝聚力，并引导员工努力为实现企业的目标而工作。

美国哈佛大学约翰·肯尼迪政府学院领导力研究中心的隆纳·海菲兹博士曾经说过：一个好的团队，它的能量源自于三个“凝聚”，一个“相信”。三个“凝聚”，就是要凝聚梦想、凝聚价值观、凝聚痛苦；一个“相信”，就是要相信领导者可以领导大家实现梦想。

梦想、价值观、痛苦和相信，都是心态的表现形式，也可以说是产生心态能量的源泉。有人问，企业管理中最难的是什么？我说，企业管理中最难的是凝聚人心。不过人心是无法改变的。顺应人心人性去设计管理规则，管理就可以由难变易。

一个群体如果没有企业凝聚力，就像是一盘散沙，如何让团队形成共同的价值观，统一意志，统一行动，拥有最大的战斗力，这是所有企业的共同希望。

当今是团队作战时代，一个企业仅靠个人的能力显然难以生存，唯有依靠团队的智慧和力量，才能使其获得长远的竞争优势和发展潜力，一个优秀的、具有企业凝聚力的团队才具有战无不胜的竞争力。企业凝聚力已经成为一个人乃至一个企业立足当今时代的核心竞争力。

一个一团散沙般的企业和一企业凝聚力强的企业会有完全不同的气象。每一个倒下去的企业最后的状态一定是人心涣散，企业领导人威信全无，产品销售不出去，无法获得银行的贷款，企业缺乏社会资源的支持。

这种可怕的景象并不是一朝一夕形成的，企业经营失败的原因很多，缺乏企业凝聚力是企业管理失误所造成的，是加速企业衰亡的原因之一。

企业凝聚力的大小对企业的效率、利益、长远发展以及企业员工的成长和发展有着重要的影响。企业凝聚力与工作效率之间的关系有人做过大量的研究。结果表明，凝聚力的大小对企业有重要影响。

一般情况下，凝聚力强的团队比凝聚力弱的团队效率要高。“凝聚力”属于企业管理者在管理企业中，运用管理的一种手段，它能超值完成员工的使用价值，同时员工也获得了自我价值实现的一个新途径。如果一个团队失去了凝聚力，就不可能完成组织赋予的任务，其本身也就失去了存在的条件。

了解人、关心人、凝聚人，它的前提是了解人，核心是关心人(包括尊重人、理解人、关心人、教育人、激励人)，目的是凝聚人。但不少团队领导由于不知道如何建设高效团队，于是只好大声呼喊："我们一定要加强团队合作，要讲奉献，要上下凝成一股绳，我们的工作则无往而不胜。”喊口号可以，但效果却很不佳。

团队领希望部属和员工工作时像年终聚餐把酒时那样士气高昂，充满工作热情！但员工的实际表现却远非管理者所想。而企业最终的关键是“让员工众志成城，调动员工的积极性与潜能，为企业创造绩效”，因此，建设高效团队提高其凝聚力尤其显得重要。

拿破仑曾说过，军队战斗力的四分之三是由士气组成的。任何现代化的战争，都需要人来完成。任何好的竞争理念与战略，同样需要员工来实现，而员工的士气与团队的企业凝聚力，决定了企业的执行力与竞争力。

共同的利益凝聚人心，激发竞争意志。无数实践证明，高团队士气与高业绩成正比，反之亦然。士气高昂的员工，是狼群。

不论是军队，还是企业，在竞争中都需要高昂的士气支撑，但强调军队士气不等于否认战略战术与军事技能，同样，强调企业士气也不等于否认竞争战略与基础管理。

高昂的士气，是企业机体健康的标志，是企业保持长期核心竞争力的重要风向标。士气是一种精神，激励组织中的每一个人团结互助，不畏困难，坚定目标，不断进取，达成卓越。

早在 1945 年，号称“经营之神”的松下幸之助就提出：“公司要发挥全体员工的勤奋精神”，并不断向员工灌输所谓“全员经营”、“群智经营”的思想。

为打造坚强的团队，在 20 世纪 60 年代，松下电器公司会在每年正月的一天，由松下带领全体员工，头戴头巾，身着武士上衣，挥舞着旗帜，把货物送出。

在目送几百辆货车壮观地驶出厂区的过程中，每一个工人都会升腾出由衷的自豪感，为自己是这一团体的成员感到骄傲。

松下幸之助在给全体员工树立一种团队意识的同时，松下公司更是花大力气发动每一个工人的智慧和力量。为达到这一目的，公司建立提案奖金制度，不惜重金在全体员工中征集建设性意见。

虽然公司每年颁发的奖金数额巨大，但正如公司劳工关系处处长所指出的：“以金额来说，这种提案奖金制度每年所节省的钱超过给员工所发奖金的 13 倍以上。”

不过，松下公司建立这一制度的最重要目的，并不在节省成本上，而是希望每个员工都参加管理，希望每个员工在他的工作领域内都被认为是“总裁”。

正是因为松下公司充分认识到群体力量的重要，并在经营过程中处处体现这一思想，所以松下公司的每一个员工都把工厂视为自己的家，把自己看作工厂的主人。纵使公司不公开提倡，各类提案仍会源源而来，员工随时随地——在家里、在火车上，甚至在厕所里，都会思索提案。

松下公司与员工之间建立起可靠的信任关系，使员工自觉地把自己看成是公司的主人，产生为公司做贡献的责任感，焕发出了高涨的积极性和创造性。

松下公司因此形成了极大的亲和力、凝聚力和战斗力，使公司不但从一个小作坊发展成世界上最大的家用电器公司，而且成为电子信息产业的大型跨国公司，其产品品种之多，市场范围之广，成长速度之快和经营效率之高都令人惊叹！

管理智慧

当今是团队作战时代，一个企业仅靠个人的能力显然难以生存，唯有依靠团队的智慧和力量，才能使其获得长远的竞争优势和发展潜力。

2. 及时补上最短的那块“木板”

管理学中有个木桶原理：一个木桶由许多块木板组成，如果组成木桶的这些木板长短不一，那么这个木桶的最大容量不取决于长的木板，而取决于最短的那块木板。

一个企业好比一个大木桶，除非这个企业人浮于事，否则每一个员工都是组成这个大木桶的不可缺少的一块木板。这个企业的最大竞争力往往不只取决于某几个人的超群和突出，更取决于它的整体状况，取决于它是否存在某些突出的薄弱环节。

而员工则好比是木桶的桶底，这个桶底是由员工的人文素养及他所掌握的各项专业知识和技能构成的。如果桶底不是坚固无缺的，那么当木桶的容量随着木板的加长而增大到一定程度时，桶底便开始泄露，严重的情况下桶底会开裂甚至会脱落而令木桶整个崩溃。

随着社会、经济的飞速发展，人力资源优势正在替代传统的物质资源优势，“以人为本”已逐渐成为企业的共识，人文因素对企业的经营管理和整体竞争力的影响力越来越大，企业员工，特别是企业中高层的管理人员和技术人员越来越需要具备必要的人文素养。

可是由于我国文理分科以及应试教育的缺陷，经我国教育体制培养出来的大多数人的桶底是薄弱的。传统学历教育没有给我们造就一个好的桶底，那么企业就很有必要在企业员工培训时补上这一课。

企业的“木桶”容量要增大，员工的培训就必不可少。

“问渠哪得清如许，为有源头活水来。”能让团队不间断地学习，就是一个好的领导者。

长远来看，唯一能持久的竞争优势，就是你的组织有能力比对手学习得更快。没有一种外力能抢走你这个优势。任何人想模仿你，在他们模仿中，你又超越他一大步了。

一个企业要想成为一个结实耐用的木桶，首先要想方设法提高所有板子的长度。只有让所有的板子都维持“足够高”的高度，才能充分体现团队精神，完全发挥团队作用。

在这个充满竞争的年代，越来越多的管理者意识到，只要组织里有一个员工的能力很弱，就足以影响整个组织达成预期的目标。而要想提高每一个员工的竞争力，并将他们的力量有效地凝聚起来，最好的办法就是对员工进行教育和培训。企业培训是一项有意义而又实实在在的工作，许多著名企业都很重视对员工的培训。

根据权威的IDC公司预计，在美国，到2005年企业花在职工培训的费用总额将达到114亿美元，而被誉为美国“最佳管理者”的GE公司总裁麦克尼尔宣称，GE每年的员工培训费用就达5亿美元，并且将成倍增长。

惠普公司内部有一项关于管理规范的教育项目，仅仅是这一个培训项目，研究经费每年就高达数百万美元。他们不仅研究教育内容，而且还研究哪一种教育方式更易于被人们所接受。

惠普培养人才的方法基本上有三种：第一种是训练课程的方式，毫无疑问这是一个最基本的方法。利用训练课程把必要的知识和技能与员工分享，同时进行有效的训练，以便于他们发挥所学到的知识和技能；

第二种是教导。教导就是说员工的部门经理必须是他的导师。我们要求经理能够对员工不同的表现有不同方式的指导，而且我们认为导师并不限于他所在的部门内，我们鼓励员工寻求外部导师，不仅包含部门以外的，也包含公司以外的。过一段时间经理就跟员工聊聊对公司本身的看法，聊聊自己碰到哪些困难。

最后一种是岗位锻炼。我们认为派给员工适当的任务是非常重要的，这就是我们所说的在职岗位训练。比如说我们谈到培养国际人才，如果这样的人老是放在中国，没有机会接触到全球的环境，当然也很难培养出相应的知识和技能，所以送到国外一两年积累经验再回来这样对他是有好处的。比如，对于一些关键人才我们采取轮调的方式，在部门之间、公司之间互相轮调。

员工培训实质上就是通过培训来增大这一个个“木桶”的容量，增强企业的总体实力。而要想提升企业的整体绩效，除了对所有员工进行培训外，更要注重对“短木板”——非明星员工的开发。

在实际工作中，管理者往往更注重对“明星员工”的利用，而忽视对一般员工的利用和开发。如果企业将过多的精力关注于“明星员工”，而忽略了占公司多数的一般员工，会打击团队士气，从而使“明星员工”的才能与团队合作两者间失去平衡。

实践证明，超级明星很难服从团队的决定。明星之所以是明星，是因为他们觉得自己和其他人的起点不同，他们需要的是不断提高标准，挑战自己。

所以，虽然“明星员工”的光芒很容易看见，但占公司人数绝大多数的非明星员工也需要鼓励。三个臭皮匠，顶个诸葛亮。对“非明星员工”激励得好，效果可以大大胜过对“明星员工”的激励。

有一个华讯公司员工，由于与主管的关系不太好，工作时的一些想法不能被肯定，从而忧心忡忡、兴致不高。刚巧，摩托罗拉公司需要从华讯借调一名技术人员去协助他们搞市场服务。

于是，华讯的总经理在经过深思熟虑后，决定派这位员工去。这位员工很高兴，觉得有了一个施展自己拳脚的机会。去之前，总经理只对那位员工简单交代了几句："出去工作，既代表公司，也代表我们个人。怎样做，不用我教。如果觉得顶不住了，打个电话回来。"

一个月后，摩托罗拉公司打来电话："你派出的兵还真棒！""我还有更好的呢！"华讯的总经理在不忘推销公司的同时，着实松了一口气。这位员工回来后，部门主管也对他另眼相看，他自己也增添了自信。后来，这位员工对华讯的发展做出了不小的贡献。

华讯的例子表明，注意对"短木板"的激励，可以使"短木板"慢慢变长，从而提高企业的总体实力。人力资源管理不能局限于个体的能力和水平，更应把所有的人融合在团队里，科学配置，好钢才能够用在刀刃上。木板的高低与否有时候不是个人问题，是组织的问题。

在家电的舞台上，百家争雄，然而海尔却一步一个脚印地跑在最前列。为什么？海尔的资本不是比别人厚，引进的国际人才也并不比别人多，人才素质不比别人高……一句话，海尔的"高木板"并不多，但人家有一个好的团队，其整体绩效不比任何"高木板"差。

所以，在加强木桶盛水能力的过程中，不能够把"高木板"和"低木板"简单地对立起来。每一个人都有自己的"高木板"，与其不分青红皂白地赶他出局，不如发挥他的长处，把他放在适合他的位置上。

对一个企业来说，最短的那块"板"其实也就是漏洞的同义词，必须立即想办法补上。

如果把企业的管理水平比做三长两短的一只木桶，而把企业的生产率或者经营业绩比做桶里装的水，那影响这家企业的生产率或绩效水平高低的决定性因素就是最短的那块板。

企业的板就是各种资源，如研发、生产、市场、行销、管理、品质等。为了做到木桶“容量”的最大化，就要合理配置企业内部各种资源，及时补上最短的那块“木板”。

如果具体到人力资源管理的问题上来说，又可以将木桶视为人力资源管理的绩效，木桶的板则分别代表人力资源规划、工作分析与职位设计、人员的招募甄选和雇用、发展培训、绩效管理、薪酬管理、企业文化等各方面内容。

所以，木桶有大小之分，木桶原理也有整体和局部之分，我们所要做的事情就是找到你自己的桶，然后找到那块最短的板，加高它！

但是，要想完全克服最薄弱的环节是不可能的，一根链条总有最弱的环节，强弱本来就是相对而言的。问题在于你能承担这个弱点到什么程度，一旦它已成为阻碍工作的瓶颈，就必须下手了。

除了用人，木桶效应在企业的销售能力、市场开发能力、服务能力、生产管理能力等方面同样有效。进一步说，每个企业都有它的薄弱环节。正是这些环节使企业许多资源闲置甚至浪费，发挥不了应有的作用。如常见的互相扯皮、决策低效、实施不力等薄弱环节，都严重地影响并制约着企业的发展。

因此，企业要想做好、做强，必须从产品设计、价格政策、渠道建设、品牌培植、技术开发、财务监控、队伍培育、文化理念、战略定位等各方面一一做到位才行。任何一个环节太薄弱都有可能导致企业在竞争中处于不利位置，最终导致失败的恶果。

管理智慧

企业的板就是各种资源，如研发、生产、市场、行销、管理、品质等等。为了做到木桶“容量”的最大化，就要合理配置企业内部各种资源，及时补上最短的那块“木板”。

3. 你的团队最佳人数是多少

在体育界，各个运动队上场的队员数量都很明确：一支篮球队需要 5 个人，棒球队 9 个人，足球队 11 个人。但在工作场所，随着团队合作在不断扩大且复杂化的组织中日益普遍，要确定每支团队的最佳人数则是无章可循。

据近期《财富》杂志刊登的一篇文章《如何建立一支卓越的团队》所言，4—6 人才能实现最高的团队效率，那每个团队若是有 5 至 6 人，又会如何？这是沃顿商学院每年为其 144 个独立的学习团队选择的 MBA 学生人数。

沃顿商学院管理学教授珍妮弗 · S · 缪勒说：“早在社会心理学初创时期，就有人提出团队规模的问题。”她回想起生于 1861 年的法国农业工程师马克西米利安 · 林格尔曼，他在早期研究中发现拉绳子的人越多，人均出力越少。大型团队是不是往往因为具有“社会惰性”且缺乏协作而土崩瓦解？

虽然缪勒的重点研究领域之一是团队规模，但她和沃顿商学院的其他管理学家都认为，在组建一支有效团队时，规模并不一定是首先要考虑的事。

缪勒说：“第一，问清楚团队即将承担何种任务是很重要的。对此问题的回复将揭示你想聘用什么样的员工以及寻求何种类型的技能，其中有一项就是所需的协调程度。如果是销售团队，那只有在最后才能实现真正的协调。因为它全是单个个体的行为，人与人之间不存在相互依赖。相互依赖很重要，它是你衡量人际关系是否融洽的标准之一。”

“第二，团队将如何构成？人们在行动中需要运用哪些技能？这包括从工作方式到个人风格到知识基础等，要确保这一切与任务相适合。”

“第三，你需要考虑团队规模。”沃顿商学院管理学教授凯瑟琳·J·克莱因在题为《团队心智模型和团队绩效》的论文中写道，因为团队最佳规模的研究似乎吸引了许多企业和学术机构参与其中，“在过去的10年，由于团队在各种类型的组织中日益普遍，关于团队效率的研究犹如雨后春笋般不断兴起。”

克莱因在一次访谈中承认，对于团队而言，每个人都很重要。“如果你们是2个成员，那是一个团队还是二元对等体？若是3个人，你会突然有机会进行权力斗争，比如二对一的角力。有些观点认为3人团队与2人团队截然不同，还有人认为偶数团队和奇数团队也有差异。直觉告诉我，当你们的团队达到8或9人以上时，你会发现它臃肿麻烦，派系丛生。喜乎？忧乎？这些都由组织的任务而定。人们感觉到当团队扩大时，就会显露出‘社会惰性’，有人开始得过且过，做一天和尚撞一天钟。”

林格尔曼著名的“拉绳子”实验——经常称之为“林格尔曼效应”，分析了在拉绳过程中，单个人在群体中的表现。

当他让越来越多的人参与拉绳时，他发现尽管总体拉力增加，但每个成员施加的平均拉力减小，这与团队合作时成员更卖力的传统理论相悖。

林格尔曼将其归因于当时所谓的“社会惰性”，即一个群体或团队往往会“隐藏着”缺少个人努力的现象。

缪勒说：“在规模大于5个人后，人们在团队中的拉力发生收益递减。但是除非缺乏动力或承担强制性任务，否则人们不会愿意显露‘社会惰性’。如果你问经理们这个问题，他们会说：‘我正在为偷懒和搭便车的现象烦恼。’偷懒（社会惰性）指的是在群体背景下个人努力的减少，而搭便车则是理性的利己主义行为。如果一个人得不到什么激励，他会说：‘我要搭便车’，即不会积极参与。”

沃顿商学院领导力研究项目主任伊万·维滕贝格强调说，团队规模“并不一定是人们立即考虑的问题，但它确实很重要”。虽然对最佳团队规模的研究“还没有明确的结论，但是它应该是在5—12个人最妥当，而且赞同6个人是最佳团队规模的声音也不少。”

维滕贝格补充说，卓越的团队不仅仅取决于最佳规模。比如，沃顿为每个团队分配了5—6个MBA学生。

“我们不仅仅是分配那些人。我们必须确认他们都可以有效工作。我们将所有800名学生带到纽约州北部的森林中露营，开展‘学习团队静修’计划，用2天时间组建团队和建立彼此的信赖。我认为这是人们在企业中建立团队经常忘记做的——事先花些时间构筑协同工作制度。我们开始相识，共享个人的核心价值观，这样我们就形成了团队价值观。但更重要的是，我们引领学生朝着集体目标，按照团队准则和办事原则行事。最根本的问题是，我们将要做些什么，将如何做？”

维滕贝格说，在职场，人们一直强调5—6个人是最适当的（在一个团队内）。至少对我们来说，它让每个人都能充分发挥自己的才能。但坦率地说，我认为这还是取决于具体任务。

缪勒的研究似乎也证实了维滕贝格的观点，即为团队成功所做的准备工作至关重要。几十年来，研究人员注意到团队规模的改变本身能够影响工作组的工作流程和最终绩效。

缪勒对来自 26 个团队的 238 人进行了研究，这些团队的人数从 3 到 20 人不等。她的研究结果验证了团队规模越大，成员绩效越差的论断，但她也对此结论做了解释：由于有研究显示经理人往往会使团队出现冗员，那么理解团队越大个人表现越差的原因，可能会成为实施成功管理策略的关键所在。

此外，个人绩效缺失与其说与协作行为有关，不如说与个体间彼此建立良好友谊来提升个人绩效有密切关系。

但是最佳团队规模究竟存在吗？缪勒再次总结说，这取决于任务。“如果你要一组打扫体育场的看门人，那就没有限制；30 个人打扫的速度总比 5 个人快。”

但如果公司处理的是协调任务和激励事宜，那么缪勒认为，答案是 6 个人。她说：“5 人或 5 人以上的组织内，工作动力逐渐消退。

在第 5 个人后，你开始寻找自己的小圈子。有多少人在同一时刻各抒己见呢？在 5 人或 5 人以上的组织里更难管理。”

在管理上，并不是人多就好，有时管理人员越多，工作效率反而越差。只有找到一个最合适的人数，管理才能收到最好的效果。

在一个公司中，只有每个部门都真正达到了人员的最佳数量，才能最大限度地减少无用的工作时间，降低工作成本，从而达到企业的利益最大化。沃尔玛前总裁山姆·沃尔顿为我们提供了一个很好的案例。

作为全球最大零售企业之一沃尔玛公司的掌舵者，山姆·沃尔顿有句名言：“没有人希望裁掉自己的员工，但作为企业高层管理者，却需要经常考虑这个问题。否则，就会影响企业的发展前景。”

他深知，企业机构庞杂、人员设置不合理等现象，会使企业官僚之风盛行，人浮于事，从而导致企业工作效率低下。为避免这些在自己的企业内发生，沃尔顿想方设法要用最少的人做最多的事，极力减少成本，追求效益最大化。

从经营自己的第一家零售店开始，沃尔顿就很注重控制公司的管理费用。在当时，大多数企业都会花费销售额的5%来维持企业的经营管理。但沃尔玛则不这样做，它力图做到用公司销售额的2%来维持公司经营！这种做法贯穿了沃尔玛发展的始终。

在沃尔顿的带领下，沃尔玛的员工经常都是起早贪黑地干，工作卖力尽责。结果，沃尔玛用的员工比竞争对手少，但所做的事却比竞争对手多，企业的生产效率当然就比对手要高。

这样，在沃尔玛全体员工的苦干下，公司很快从只有一家零售店，发展到现在拥有全球2000多家连锁店。公司大了，管理成本也提高了，但沃尔顿却一直不改变过去的做法——将管理成本维持在销售额的2%左右，用最少的人干最多的事！

沃尔顿认为，精简的机构和人员是企业良好运作的根本。与大多数企业不同，沃尔玛在遇到麻烦时，不是采取增加机构和人员的办法来解决问题。相反，而是追本溯源，解聘失职人员和精简相关机构。沃尔顿认为，只有这样才能避免机构重叠，人浮于事。

在沃尔顿看来，精简机构和人员与反对官僚作风密切相关。他非常痛恨企业的管理人员为了显示自己地位的重要，而在自己周围安排许多工作人员。他认为，工作人员的唯一职责，就是为顾客服务，而不是为管理者服务。

凡是一切与为顾客服务无关的工作人员，都是多余的，都应该裁撤。他说：只有从小处着想，努力经营，公司才能发展壮大！沃尔玛能有今天的成功，自始至终地坚持低成本运作这一点功不可没。

在一个越来越充满竞争的世界里，一个企业要想长久地生存下去，就必须保持自己长久的竞争力。

管理智慧

企业竞争力的来源在于用最小的工作成本换取最高效的工作效率，这就要求企业必须要做到用最少的人做最多的事。只有机构精简，人员精干，企业才能保持永久的活力，才能在激烈的竞争中立于不败之地。

4. 凝聚力越大企业越有活力

美国社会心理学家沙赫提出：凝聚力越大，企业越有活力，从这句话不难看出，一个企业要想持续发展，就必须凝聚团队力量。

企业中的个体都要具备团队精神，团队精神对任何一个组织来讲都是不可缺少的，否则就如同一盘散沙。

当今社会，企业分工越来越细，每个人所能实现的仅仅是企业整体目标的一小部分，团队力量的发挥已成为企业赢得竞争的必要条件，因此，弘扬团队精神对于企业的发展具有极其重要的意义。

团队精神是一种信念、一种价值观和行为准则，它体现着企业的凝聚力和向心力，是企业的魅力、核心竞争力所在。

团队精神的奥妙之处在于它能在潜移默化中激发团队成员的事业心和责任感，为团队工作注入强大的能量，从而使整个团队拧成一股劲，形成一个团结共进、众志成城、步调一致的团队，使企业在激烈的市场竞争中站稳脚跟，取得又好又快的发展。

1920年，日本经济不景气，不少工厂停产或倒闭。然而，当时规模并不是很大的松下电器反而蓬勃发展。到了1921年秋天，松下买了1500多平方米的土地，盖厂房、建住宅、设事务所、扩大招雇员工规模。

1923年，松下发明并大量产销自行车电池灯，兼营电熨斗、电热器、电风扇等电器产品，公司发展迅猛。

1929年，松下并不理会到处弥漫的经济危机，在已经拥有3处工厂、300多名员工的情况下，继续扩充，在大阪买下8万平方米的土地，大规模地建设公司总部、第四个工厂、员工住宅。直到 1929 年 12 月底，松下电器才感受到了危机的压力：销售额剧减一半，仓库里堆满滞销品。

更糟糕的是，公司刚刚贷款建了新厂，资金极端缺乏，如果滞销情况持续下去，整个松下电器很快就会倒闭。恰恰这时，松下幸之助偏偏病倒在床上。如何渡过这场危机？

当时代行社长职务的井植岁男等高级主管，向休养的松下汇报他们研究的方案：为应付销售额减少一半的危机，只好减少公司一半的生产量，员工也必须裁减一半。

这是一个渡过难关的最佳方案。听到这个方案，松下有了精神。他指示："生产额立即减半，但员工一个也不许解雇。将开工时间减为半天，但员工的薪资全额给付，不减薪。不过，员工必须全力销售库存产品。用这个方法，先渡过难关，静候时局转变。"

"可以不解雇员工，但是既然开工半天，就该减薪一半。员工不会有意见。"有的主管建议。

"半天工资的损失，是个小问题，使员工们有以工厂为家的观念才是最重要的。所以任何一个员工都不得解雇，必须照旧雇用。"松下十分肯定地说。

当员工们听到松下的指示时，无不欣喜，因而人人奋勇、个个尽力，销售库存产品。

松下的方法灵得让人吃惊，由于员工的倾力推销，公司产品不但没有滞销，反而造成产品不够销售的现象，并创下公司历年最高销售额的记录。

就在这场世界经济大危机中，其他工厂纷纷倒闭，而松下公司，继兴建第四厂后，又创建了第五、第六厂！

松下对付经济危机，自有他的一套道理。如果企业面临重大危机，应该采取什么解救措施呢？几乎每一个企业管理者都会面临这样的困难。

但是，松下幸之助处理危机的方式却与众不同，归到一点，就是只有同舟共济才能渡过危机以退为进，同时给员工创造机会，使他们有渡过难关的信心，增强他们的主人翁精神和凝聚力，会收到意想不到的效果。

一个企业要想形成强大的凝聚力，始终使自身处于最佳发展状态，团队精神是必不可少的。建设一支充满协作精神的高绩效团队，是企业决策层的重要管理目标之一。有这样一则寓言故事：

黑熊和棕熊喜食蜂蜜，都以养蜂为生。它们各有一个蜂箱，养着同样多的蜜蜂。有一天，它们决定比赛看谁的蜜蜂产的蜜多。

黑熊想，蜜的产量取决于蜜蜂每天对花的“访问量”。于是它买来了一套昂贵的测量蜜蜂访问量的绩效管理系统。在它看来，蜜蜂所接触的花的数量就是其工作量。每过完一个季度，黑熊就公布每只蜜蜂的工作量；同时，黑熊还设立了奖项，奖励访问量最高的蜜蜂。但它从不告诉蜜蜂们它是在与棕熊比赛，它只是让它的蜜蜂比赛访问量。

棕熊与黑熊想得不一样。它认为蜜蜂能产多少蜜，关键在于它们每天采回多少花蜜，花蜜越多，酿的蜂蜜也越多。于是它直截了当告诉众蜜蜂：它在和黑熊比赛看谁产的蜜多。它花了不多的钱买了一套绩效管理系统，测量每只蜜蜂每天采回花蜜的数量和整个蜂箱每天酿出蜂蜜的数量，并把测量结果张榜公布。

它也设立了一套奖励制度，重奖当月采花蜜最多的蜜蜂。如果一个月的蜜蜂总产量高于上个月，那么所有蜜蜂都受到不同程度的奖励。

一年过去了，两只熊查看比赛结果，黑熊的蜂蜜不及棕熊的一半。

黑熊的评估体系很精确，但它评估的绩效与最终的绩效并不直接相关。黑熊的蜜蜂为尽可能提高访问量，都不采太多的花蜜，因为采的花蜜越多，飞起来就越慢，每天的访问量就越少。

另外，黑熊本来是为了让蜜蜂搜集更多的信息才让它们竞争，由于奖励范围太小，为搜集更多信息的竞争变成了相互封锁信息。蜜蜂之间竞争的压力太大，一只蜜蜂即使获得了很有价值的信息，比如某个地方有一片巨大的槐树林，它也不愿将此信息与其他蜜蜂分享。

而棕熊的蜜蜂则不一样，因为它不限于奖励一只蜜蜂，为了采集到更多的花蜜，蜜蜂相互合作，嗅觉灵敏、飞得快的蜜蜂负责打探哪儿的花最多最好，然后回来告诉力气大的蜜蜂一齐到那儿去采集花蜜，剩下的蜜蜂负责贮存采集回的花蜜，将其酿成蜂蜜。虽然采集花蜜多的能得到最多的奖励，但其他蜜蜂也能捞到部分好处，因此蜜蜂之间远没有到人人自危相互拆台的地步。

激励是手段，激励员工之间竞争固然必要，但相比之下，激发起所有员工的团队精神尤显突出。

在别的因素保持不变的状态下，企业的凝聚力越大，这个企业的生产效率越高，企业也就越有活力。

早在 1945 年，号称“经营之神”的松下幸之助就提出：“公司要发挥全体员工的勤奋精神”，并不断向员工灌输所谓“全员经营”、“群智经营”的思想。

为打造坚强的团队，在 20 世纪 60 年代，松下电器公司会在每年正月的一天，由松下带领全体员工，戴着头巾，身着武士上衣，挥舞着旗帜，把货物送出。在目送几百辆货车壮观地驶出厂区的过程中，每一个工人都会升腾出由衷的自豪感，为自己是这一团体的成员感到骄傲。

在给全体员工树立一种团队意识的同时，松下公司更是花大力气发动每一个工人的智慧和力量。为达到这一目的，公司建立提案奖金制度，不惜重金在全体员工中征集建设性意见。

虽然公司每年颁发的奖金数额巨大，但正如公司劳工关系处处长所指出的："以金额来说，这种提案奖金制度每年所节省的钱超过给员工所发奖金的 13 倍以上。"

不过，松下公司建立这一制度的最重要目的，并不在节省成本上，而是希望每个员工都参加管理，希望每个员工在他的工作领域内都被认为是"总裁"。

正是因为松下公司充分认识到群体力量的重要，并在经营过程中处处体现这一思想，所以松下公司的每一个员工都把工厂视为自己的家，把自己看作工厂的主人。纵使公司不公开提倡，各类提案仍会源源而来，员工随时随地——在家里、在火车上，甚至在厕所里，都会思索提案。

松下公司与员工之间建立起可靠的信任关系，使员工自觉地把自己看成是公司的主人，产生为公司做贡献的责任感，焕发出了高涨的积极性和创造性。

松下公司因此形成了极大的亲和力、凝聚力和战斗力，使公司不但从一个小作坊发展成世界上最大的家用电器公司，而且成为电子信息产业的大型跨国公司，其产品品种之多，市场范围之广，成长速度之快和经营效率之高都令人惊叹！

作为团队领导人，在给予每位成员自我发挥的空间的同时，还要破除个人英雄主义，搞好团队的整体搭配，形成协调一致的团队默契；同时还需努力巩固队成员懂得彼此之间相互了解、取长补短的重要性。

如果能做到这些，团队就能凝聚出高于个人力量的团队智慧，随时都能创造就出惊人的团队表现和团队绩效。

管理智慧

团队凝聚力是维持团队存在的必要条件。如果一个团队丧失凝聚力，就会像一盘散沙，难以维持下去，并呈现出低效率状态；而团队凝聚力较强的团队，其成员工作热情高，做事认真，并有不断地创新行为，因此，团队凝聚力也是实现团队目标的重要条件。

5. 管理要有效整合身边的资源

俗话说："金无足赤，人无完人"。随着现代社会的发展，我们面临的情况和环境越来越复杂。在很多情况下，单靠个人能力已很难完全处理各种错综复杂的问题并采取切实高效的行动。

一个人单打独斗的时代已经成为过去，越来越需要集体的合作。个人的能力再强，也不能面面俱到。因此，团队成员只有相互信任、团结协作，取长补短，充分发挥各自的长处，才能共同成长，共达成功的彼岸。

盲人和瘸子，在崎岖的路上受阻。盲人的困难是看不见路，瘸子的困难是走路感到力不从心。于是两人就利用盲人的强壮和瘸子的眼睛。让盲人做瘸子的腿，而让瘸子做盲人的眼睛，这真是一个绝妙的主意，也是一个"强强"组合，让他们的优势发挥到了极致，而这样的组合并没有暴露出他们任意一方的劣势。两个都有缺陷的人在遇到困难时，精诚合作、团结一致、"取长补短"，最后战胜困难。

正确对待自己的短处也就是缺点的话，取别人之长就可以避开自己的缺点，充分发挥各自的特长，使 1+1 > 2，这样就离成功不远了。

团队合作往往能激发出团体不可思议的潜力，集体协作干出的成果往往能超过成员个人业绩的总和。但是一个团体，如果组织涣散，人心浮动，人人自行其是，就像三个没有水吃的和尚一样，何来生机与活力，又何谈干好工作。

在非洲的草原上如果见到羚羊在奔逃，那一定是狮子来了；如果见到狮子在躲避，那就是象群发怒了；如果见到成百上千的狮子和大象集体逃命的壮观景象，那是什么来了呢？——是蚂蚁军团来了！

从前，有两个饥饿的人得到了一位钓鱼人的恩赐：一根钓竿和一篓鲜活硕大的鱼。其中一个人要了一篓鱼，另一个人要了一根钓竿，然后，他们分道扬镳了。

得到鱼的人原地就用干柴搭起篝火煮起了鱼，他狼吞虎咽，还没有品出鲜鱼的肉香，转瞬间，连鱼带汤就被他吃了个精光。不久，他便饿死在空空的鱼篓旁。

另一个人则是提着钓竿继续饥饿，一步步地向海边走去。可当他已经看到远处那蔚蓝色的海洋时，他浑身的最后一点力气也用完了，他也只能眼巴巴地带着无尽的遗憾撒手人寰。

又有两个饥饿的人，同样得到了恩赐的一根钓竿和一篓鱼。只是他们没有各奔东西，而是商定共同去寻找大海。他们每次只煮一条鱼，经过遥远的跋涉，终于来到了海边。

从此，两人开始了捕鱼为生的日子。几年后，他们盖起了房子，有了各自的家庭、子女，有了自己建造的渔船，过上了幸福安康的生活。

IBM 和联想的联姻，就是一次典型的双赢合作。IBM 企业发展遇到了瓶颈，PC 业务从 2001 年到 2004 年期间累计亏损 9.65 亿美元，直接成了拖累 IBM 的元凶。

在 IBM 看来，PC 市场与预想的市场产生了越来越远的距离。此时的 IBM 已经将重心转向了 IT 服务以及服务器等高技术含量、高利润、高附加产值的领域。

而联想，是个在中国本土生根，在中国已经家喻户晓的品牌。可是国内市场逐渐紧缩，竞争逐渐激烈，联想此时急需走向世界，而为了能走入国际市场，联想必须先在国际上亮出名号。

就这样，2003 年 12 月开始，联想开始着手收购 IBM 的 PC 业务并最终以 17.5 亿美元收购了 IBM 的全球 PC 业务。当然这一收购成就了这两家企业，IBM 得到了经费，用做科研。而联想则确确实实在国际上打出了名号，直到如今在美国，很多知道联想品牌的人都是通过 Thinkpad。

在我们的公司中，不仅仅要在内部建立起互助合作的团队精神，也要善于与公司外的其他人合作。例如大家都熟悉的惠普公司，虽然本身就已是一个很强大的公司，但也非常注重跟其他公司的合作。

微软刚创立时公司还不是很显眼，当时，美国最大的电子公司——IBM 公司正在研制一种新型的个人微机，这种新型机需要配置相应的磁盘操作系统软件，美国几家软件公司紧紧注视着，想抢到这笔生意，微软也不例外。

一开始 IBM 并不重视微软，而当时一家公司的 CP/M 系统在市场上非常有名气，可是不久之后，IBM 突然致电比尔·盖茨，想与他进行商谈。

比尔·盖茨知道这是一次提高公司声誉、扩展公司业务难得的好机会。于是，他先花钱买下西雅图一家小公司的 86-DOS 进行修改和扩充，制成一种新型操作系统软件，命名为 MS-DOS。

比尔·盖茨带着这种新型软件，亲自去 IBM 总部联系业务，亲自操作这种软件给 IBM 总裁看，说明这种软件的优越之处并尽量压低自己的要价。

1981 年 8 月 12 日，这是电脑行业具有划时代意义的一天，全球最大电脑生产商 IBM 宣布他们生产的个人电脑正式推出，而它的操作系统正是微软公司的MS-DOS。

消息一出，整个世界计算机行业为之震惊，微软公司的名声响遍了世界各地，许多公司纷纷上门洽谈生意，微软公司的业务顿时扩展了数十倍，成为美国软件业的佼佼者。

在这次合作中，虽然微软公司实际上并没有获得多少利润，但由此带来的声誉却为他们赚取了百倍的利润，更为微软公司的未来开辟了一条光明大道。这一切，均缘于西点人的相互协作精神。

合作使人的力量无穷，合作使人扬长避短以达到结果的最优化。在战场上，缺乏合作的部队就好比一盘散沙，各自为营，最终只会被各个击破。一个团结的团队才是有力量的团队。在企业中，合作也十分必要，扬长避短，发挥自己的最大功效，才能高效完成任务。

管理学中有这样一个木桶原理：一个木桶由许多木板组成，如果组成木桶的这些木板长短不一，那么这个木桶的最大容量并不取决于最长的那块木板，而是取决于最短的那块木板。

虽然木桶中其他的木板都很长，但是只要有一块木板常短的，那么当我们往木桶中加水的时候，水涨到最短的那块木板的长度的时候就会渗出来，根本就不再有上升的空间了，哪怕其他的木板再长，也不能改变整个木桶的容量。

团队的最大能力往往不取决于某个超群和突出的人，而取决于它的整体状况，甚至是取决于这个团队是否存在某些突出的薄弱环节。唯有通过合作扬长避短，才能发挥出团队最大的力量。

星期六上午，一个小男孩在他的玩具沙坑里玩耍。在松软的沙滩上修筑隧道时，他在沙坑的中部发现了一块巨大的岩石。

小家伙开始挖掘岩石周围的沙子，他手脚并用，似乎没有费太大的力气，岩石便被他连推带滚的弄到了沙坑的边缘。不过，这时他才发现，他无法把岩石向上滚动、翻过沙坑边缘。

小男孩下定决心，手推、肩挤、左摇右晃，一次又一次地向岩石发起冲击，可是，每当他刚刚觉得取得了一些进展的时候，岩石便滑脱了，重新掉进沙坑。每一次他得到的唯一回报便是岩石再次滚落回来，还砸伤了自己的手指。

最后，他伤心地哭了起来。这整个过程，男孩的父亲从起居室的窗户里看得一清二楚。当泪珠滚过孩子的脸庞时，父亲来到了跟前。

父亲的话温和而坚定："儿子，你为什么不用上所有的力量呢？"

垂头丧气的小男孩抽泣道："但是爸爸，我用尽了我所有的力量！"

"不对，儿子，"父亲亲切地纠正道，"你并没有用尽你所有的力量。你没有请求我的帮助。"

父亲弯下腰，抱起岩石，将岩石搬出了沙坑。

故事中的小男孩，虽然用尽自己的力气，想方设法地自己去解决问题，但却一次次的失败。求助也是一种合作的能力，你不擅长的却可能是团队中其他人所擅长的。

管理智慧

在团队里，每个员工的能力构成都是不一样的，或者说是具有互补性的。最有效的整合你身边的资源。通过合作，发挥最大的能力。

6. 依靠团队合作的力量创造奇迹

20世纪90年代，美国各大航空公司经营都不景气，三大航空公司——环球航空公司、大陆航空公司和美国西南航空公司都在破产条款下运作，其他航空公司也准备进入它们的行列，而德尔塔航空公司、美国航空公司和联合航空公司则出现大量亏损。

然而西南航空公司却稍后的一段时期内青云直上，其年销售额增长率高达25%，并且一直保持盈利。西南航空公司在近30年的经营中，除最初两年外，年年盈利。当其他航空公司挣扎在破产边缘时，它却大张旗鼓地推进自己的增长计划，购买更多的飞机，开辟新航线，招聘新人员。

它的成功法则是什么呢?

西南航空公司最突出的成功标志是它的高效率，它因此赢得了15次美国运输部颁发的“三重皇冠”奖——最佳正点率、最佳飞行安全记录和最少投诉次数。

在美国，这是独一无二的，其中，公司首席执行官赫伯·凯勒尔起了决定性的作用。他采取低价、紧缩性的管理方式，找到了一个具有战略意义的机遇之窗。

起初，他在公司的大多数商业电视广告中露面，这引起了竞争对手的指责，纷纷攻击他乘客会因为乘坐简陋飞机而感到窘迫。

于是，凯勒尔又头顶一个皮包出现在电视广告中，他承诺向所有为乘坐西南航空公司班机而感到窘迫的人提供这个包，并保证它可以用来装“所有因为乘坐我们的飞机而省下来的钱”。

此外，他还将自己的一架737飞机画成杀人鲸的样子，以庆贺圣安东尼奥海底世界的开幕。在一次航行中，他让机上服务人员扮成驯鹿和妖精的模样，同时让飞行员一边通过扩音器唱圣诞颂歌，一边轻轻晃动着飞机向前飞。

“凯勒尔是一个真正的疯子！”一家航空公司的市场部经理托马斯·卜沃尔兹这样说道，“但是谁又能对他的成功说些什么呢？”

凯勒尔试图使西南航空公司成为一个愉快的工作场所，他经常和员工无拘无地闲谈，员工称呼他“赫伯大叔”；他还经常参加公司总部的周末晚会，鼓励乘务人员扮演滑稽小丑，玩一些像击鼓传令这样的小游戏；他自己还经常穿着小丑套装扮演各种角色。

最有意思的是，他为那些长袜上有最大洞的乘客给予奖励。可想而知，他的这项奖励会在万里蓝天上产生怎样的效果！

肯定是轰动的！

凯勒尔的方法挺有效的，员工工作得很辛苦但毫无怨言，他们为受到尊重而自豪，并且喜欢他们的工作。西南航空公司员工的流动率为7%，在这个行业中是最低的。其实，这些古怪的做法都有一个精明的目的：创造一种协同的精神和和谐的工作环境以提高工作效率。

现代企业管理非常强调协同精神，企业的领导必须是一个主动与人合作的角色，要永远和顾客站在一起。

而有效的协同团队事实上是组织结构的最大精简，协同精神是围绕着信任展开的，在信任的基础上，确立了基本规则。让员工在舒适的心境中工作一定可以提高他们的工作效率。

这一点对公司的发展也是很好的启示。特别是现代的公司，公司与公司之间的合作毫不逊色于西点学员间的相互协作。

现代公司的竞争就是团队间的竞争，就是团队协作能力的竞争。精诚合作的团队精神是公司成功的保证。在专业分工越来越细、市场竞争越来越激烈的前提下，单打独斗的时代已经过去，合作变得越来越重要。

在竞争激烈的经济领域，合作更为重要，参与竞争的公司就是合作的表现形式。但合作并不一定产生 1+1 ＞ 2 的效果，如何进行有效合作，形成一种团队精神，以达到整体效益大于部分之和的效果，是每一个公司的重要任务。所以，在现代公司团队建设中，打造一支“协作型团队”无疑是公司实现目标最有力的保障。

说到合作，有的人愿意，有的人却不愿意。比如你邀请我和你合作，你作为项目带头人能够获得巨额的奖金和荣誉奖章，我却仅仅得到一个证书，那我为什么要和你合作呢？又或者是一起去参加战斗，每次都是你去冲锋陷阵，我却每次都只是个扛旗子的，那我为什么不另寻一个队友？

是的，只有让大家都得到好处，合作才容易维系，毕竟双赢才是合作者最愿意看到的。

学员和战术教官，算得上是一种敌对关系。因为教官们必须为学员负责，将战术技能全部教给他们。而另一方面，学员们却不爱这种束缚，所以会想方设法逃脱教官的火眼金睛，不被他们抓住把柄。

但是换个角度，他们又是良好的合作关系。教官在培养这些乳臭未干的孩子们的时候，发现各种各样的问题，并给予纠正。这对他们的从教经验是十分有利的，正确的做法也许就那几种，但是错误的做法却又千千万，想仅仅凭借自己坐在案头去联想是不够的，从实践中获得的这些才更具有说服力。

站在学员的角度，这就更好理解了，他们学得了技能，在严格的教官管理之下抠住细节，这为以后战场之上不被战火吞噬提供了保障。

转变一下看法，就不难看出，教官和学员这两个死对头其实是在进行着双赢的合作，这也就是如何创造 1+1>2 的答案所在。

想当年 IBM 和联想的联姻，不也是一次典型的双赢合作吗？ IBM 企业发展遇到了瓶颈，PC 业务从 2001 年到 2004 年期间累计亏损 9.65 亿美元，直接成了拖累 IBM 的元凶。在 IBM 看来，PC 市场与预想的市场产生了越来越远的距离。此时的 IBM 已经将重心转向了 IT 服务以及服务器等高技术含量、高利润、高附加产值的领域。而联想，是个在中国本土生根，在中国已经家喻户晓的品牌。可是国内市场逐渐紧缩，竞争逐渐激烈，联想此时急需走向世界，而为了能走入国际市场，联想必须先在国际上亮出名号。

就这样，2003 年 12 月开始，联想开始着手收购 IBM 的 PC 业务并最终以 17.5 亿美元收购了 IBM 的全球 PC 业务。当然这一收购成就了这两家企业，IBM 得到了经费，用做科研。而联想则确确实实在国际上打出了名号，直到如今在美国，很多知道联想品牌的人都是通过 Thinkpad。

在我们的公司中，不仅仅要在内部建立起互助合作的团队精神，也要善于与公司外的其他人合作。例如大家都熟悉的惠普公司，虽然本身就已是一个很强大的公司，但也非常注重跟其他公司的合作。

微软刚创立时公司还不是很显眼，当时，美国最大的电子公司——IBM 公司正在研制一种新型的个人微机，这种新型机需要配置相应的磁盘操作系统软件，美国几家软件公司紧紧注视着，想抢到这笔生意，微软也不例外。

一开始 IBM 并不重视微软，而当时一家公司的 CP/M 系统在市场上非常有名气，可是不久之后，IBM 突然致电比尔·盖茨，想与他进行商谈。

比尔·盖茨知道这是一次提高公司声誉、扩展公司业务难得的好机会。于是，他先花钱买下西雅图一家小公司的 86-DOS 进行修改和扩充，制成一种新型操作系统软件，命名为 MS-DOS。

比尔·盖茨带着这种新型软件，亲自去 IBM 总部联系业务，亲自操作这种软件给 IBM 总裁看，说明这种软件的优越之处并尽量压低自己的要价。

1981 年 8 月 12 日，这是电脑行业具有划时代意义的一天，全球最大电脑生产商 IBM 宣布他们生产的个人电脑正式推出，而它的操作系统正是微软公司的 MS-DOS。

消息一出，整个世界计算机行业为之震惊，微软公司的名声响遍了世界各地，许多公司纷纷上门洽谈生意，微软公司的业务顿时扩展了数十倍，成为美国软件业的佼佼者。

在这次合作中，虽然微软公司实际上并没有获得多少利润，但由此带来的声誉却为他们赚取了百倍的利润，更为微软公司的未来开辟了一条光明大道。这一切，均缘于西点人的相互协作精神。

许多公司就是没有正确认识到两家公司合作的因素是什么，只认为合作兼并上好公司就能化危机为赢机，而忽视了条件的重要。在西点，优秀的学员都懂得，良好的伙伴关系要求合作对双方都有互补性，而真正的互补又需要付出很多努力才能建立。

协作永远是使自己受益也让别人受益，而只顾自己的人不会让别人受益自己也不会受益。只有懂得协作的人，才能明白协作对自己、别人乃至整个团队的意义。一个放弃协作的人，也会被成功所放弃。这是每一个西点人都遵守的至上原则。

管理智慧

团队合作可以调动团队成员的所有资源和才智，开发团队应变能力和持续的创新能力，依靠团队合作的力量创造奇迹。

7. 信任是团队成功的基础

兄弟三只兔子来到了一家饭馆，他们各自点了一份最爱吃的胡萝卜沙拉。当服务生把美味的食物端上桌时，兔子们发现她们都没有带钱。

兔子老大说："我是你们的老大，取钱的事不该由我来做"。兔子老二说："我认为派小弟去取钱是最合适的，老大你说呢？"老大表示同意。

兔子老幺说："我可以去取钱，但是你们谁也不能动我的胡萝卜沙拉！不然我就不去了！"老大老二连声答应，并且保证绝对不会碰它的沙拉。

于是兔子老幺走了。兔子老大兔子老二很快就把各自的沙拉吃得干干净净，连声说美味呀，还意犹未尽。他们看着兔子老幺的沙拉，馋涎欲滴，但是出于承诺，还是强忍着不去吃兔子老幺的沙拉。

等了好久，兔子老幺还没有回来。于是兔子老大和兔子老二就商量："我们还是把老幺的沙拉吃了吧！"

正当他们准备吃的时候，兔子老幺刹那间从屏风后跳出来："哼，我就知道你们会吃我的沙拉，所以我一直躲在屏风后面看着你们，果然，你们要吃我的一份，幸亏我没有相信你们，要不然又要吃大亏了！"

这个故事中兔子老大兔子老二没有信守自己许下的承诺，兔子老幺可能由于曾经两位哥哥的某些行为对两位哥哥的信任度降低，想要考察，最后也没有去取钱。他们三吃霸王餐，最后餐馆老板怎么处理，可想而知。

可见，团队合作的基础是信任，假如团队成员之间失去了信任，尤其是在团队成员之间存在某些利益关系的时候，那么，所进行的任何事情都很难开展，执行。所谓的团队合作也只是一厢情愿，一句空谈而已。三只兔子吃沙拉事件，在现实生活中仍屡见不鲜。

信任是团队战斗力的决定因素，它也是团队建立的基础条件之一。信任是信赖、相信，它是一种依赖关系，由于相信而敢于托付的一种行为。两人在战斗中能把彼此的后背交给对方，那就是最高的信任。

美国管理者坚信这样一个简单的理念：如果连起码的信任都做不到，那么，团队协作就是一句空话，绝没有落实到位的可能。团队是一个相互协作的群体，它需要团队成员之间建立相互信任的关系。

信任是合作的基石，没有信任，就没有合作。信任是一种激励，信任更是一种力量。团队成员在承受压力和困惑时，要相互信赖，就像天空中的风筝一样，在绳的另一端有人在抓着它，它才能飞得更高；团队成员在面临危机与挑战时，也要相互信任，就像合作猎捕猛兽的猎人一样，必须不存私心，分工明确，共同行动，这样才能成功的捕食到猎物。

信任，是整个团队能够协同合作的十分关键的一步。如果团队成员彼此间没有充分的信任，其交流就很难发生，就会丧失彼此合作的基础，整个团队也就势必形同散沙，毫无力量可言。到最后，这个团队以及这个团队的成员只会一事无成、毫无建树。

成功团队的一个重要特征就是团队成员之间相互信任。也就是说，团队成员彼此相信各自的品格、个性、特点和工作能力。

这种信任可以在团队内部创造高度互信的互动能量，这种信任将使团队成员乐于付出，相信团队的目标并为之付出自己的责任与激情。

如果你不相信任何人，你也就不可能被任何人信任；相反，你以坦诚友好的方式待人，对方也往往会以同样的方式待你。那么，结果可想而知。信任是缔造团队协作的基石。

在合作中，为了实现最终的目标，个人都需要放弃自己的一部分利益，但几乎每个人都有一种短视和自私的缺点，不愿意更多地为他人考虑，缺乏分享精神。

在团队中，要勇于承认他人的贡献，尊重他人的劳动成果。如果借助于别人的智慧和成果，就应该声明；如果得到了他人的帮助，就应该表示感谢。这些也是团队精神的基本体现。

一个有经验的管理者永远不会停止提出问题和倾听回答，任何计划的制订都必须经过反复地探究，因为，不断地提出新问题可以保持一个公司的活力。

在20世纪50年代，米达斯公司的创始人戈登·舒尔曼把一些汽车修理工和推销员提拔成修理和销售排气系统的专家。他竭力说服他们，使他们相信自己是专家，因为他认为米达斯公司应集中精力修理和更换排气系统。

由于经营措施得力，公司很快取得了高额利润，同时还打开了另一个销路：减震器。

原来，当汽车在修理台上时，减震器是很容易检查和更换的。雇员们不顾舒尔曼的反对，坚持在修理排气系统的同时出售减震器。

后来，有一天，舒尔曼终于明白了他的雇员比他要在行得多，于是他做出决定，把出售减震器正式纳入了公司的业务范围。

不仅如此，他还组织了一次减震器的销售比赛，一等奖获得者可以去巴哈马旅游。这样 30 年过去了，米达斯公司的生意愈做愈大。

管理者一定要相信自己的员工在某些方面是非常出色的，这是成为一个伟大管理者的前提。对于一些实际的、具体的问题，没有人比长期接触这个问题的人更有发言权。管理者必须接受这个现实，认真听取他们的意见，才能够让公司沿着切合实际的方向发展。

1914 年，托马斯・沃森创办了闻名于世的 IBM 公司。他看到当时有些公司内部风气不良，许多资历老的员工欺压新来者，新老员工之间结下仇怨，职工内部很不团结。为了避免由于内部不团结而造成生产损失的情况在 IBM 公司里发生，托马斯・沃森提出了“必须尊重每一个人”的宗旨。

托马斯认为，尊重人就要讲公平，只有平等对待，互相尊重，才能形成团结友爱的氛围。因此，沃森叫人专门制订了工作礼节的自我检查手册，人手一册，随时对照检查。为检查职工是否遵守必要的礼节，他在各个基层中，任命 1 或 2 名任期为 1 年的“礼节委员”。

另一方面 IBM 公司的管理人员对公司里任何员工都必须尊重，同时也希望每一位员工尊重顾客，即使对待同行竞争对象也应同等对待。在 IBM 公司里，每间办公室、每张桌子上都没有任何头衔字样，洗手间也没有写着什么长官使用，停车场也没有为长官预留位置，也没有主管专用餐厅。IBM 公司有这样一个非常民主的环境，每个人都同样受人尊敬。

团队成员之间彼此信任，需要长时间培养，绝非一蹴而就。打造团队信任度也是需要一个过程的，在这个过程中团队的领导起着至关重要的作用。打造团队信任度，领导必须要做的四件事：

一、建立一个共同的健康的团队价值观。例如意尔康集团湖北天门团队，就是一只优秀高效的团队。她们有一个共同的价值观：所有的伙伴所有的顾客都是我们的家人！我爱我的家人！你到湖北天门意尔康专卖店，很快就能感受到员工之间的团结合作精神。她们是一个整体，她们亲如一家。

二、搭建一个团队成员相互沟通的平台，大家开诚布公，相互商讨。在这个平台之上，团队成员能够畅通地表述各自的想法和意见。如果存在分歧意见，团队成员各自保留自己的想法和意见，这将是孕育团队成员之间不信任的温床。

同时，领导要创造与团队成员沟通交流的机会，建立感情，因为团队成员之间首先是兄弟然后是战友。正所谓上阵父子兵，打虎亲兄弟。高效团队的基石——建立团队信任感

三、建立一套人性化的奖惩制度。管理是一种技术，也是一门科学。旨在促使团队成员信守承诺，共同协作。奖惩制度是维系团队有序运作的关键因素之一。我们必须要做到让团队成员信任并支持我们的管理制度。

有位大名鼎鼎的人物，他叫宋江，又称宋公明，他是一个团队管理的高手。他的团队成员对他无比地信任，政策执行高效，号令莫敢不从。宋江是如何做到这一点的呢？你看三个字就知道了：送、公、明。

送，就是给回报就是奖惩。领导要学会给待遇，给资源，光说空话，没有实际性的行为。长此以往，员工就不会信任、跟随你了。如何送呢？答案就是“公”，待遇、资源给得是否公平公正；“明”，就是对团队成员功绩是否明察秋毫，赏罚分明，做到了士为知己者死。

四、设立团队目标，善于将团队目标分解为小目标，并且协助团

队成员达成各个小目标，进而完成团队终极目标。因为团队存在价值在于完成组织的各项目标。团队领导能够正确地引导大家完成一个又一个工作目标，让团队成员享受工作成就感，这将是建立团队信任度的极佳契机和方法。

做到以上几点，您所带领的团队就夯实了走向成功的基石。因为您的团队成员之间已经产生了高度的信任感，你拥有高效、有执行力、有战斗力的团队指日可待。

管理智慧

信任是合作的基石，没有信任，就没有合作。信任是一种激励，信任更是一种力量。内部的团结，成就了个体的优异，个体的优异，组成了整体的光辉形象。

四、激励成员则无往而不胜

每一位管理者都必须坚信，员工缺失激情不是他们自己的错，而是管理者和组织机制的错。员工绝不是天生缺失激情。员工的激情不会凭空产生，而不适宜的管理方式和组织机制也会消磨员工的激情，因此，想要激发员工的热情，管理者必须掌握科学有效的领导和管理艺术，使用正确的激励方法，并在组织内构建合理的激励机制和激励文化。

1. 企业管理中应更多点人情味

公元前314年，燕国发生了内乱，临近的齐国乘机出兵，侵占了燕国的部分领土。燕昭王当了国君以后，他消除了内乱，决心招纳天下有才能的人，振兴燕国，夺回失去的土地。虽然燕昭王有这样的号召，但并没有多少人投奔他。

于是，燕昭王就去向一个叫郭隗的人请教，怎样才能得到贤良的人。郭隗给燕昭王讲了一个故事说：从前有一位国君，愿意用千金买一匹千里马。可是3年过去了，千里马也没有买到。这位国君手下有一位不出名的人，自告奋勇请求去买千里马，国君同意了。这个人用了3个月的时间，打听到某处人家有一匹良马。可是，等他赶到这一家时，马已经死了。

于是，他就用五百金买了马的骨头，回去献给国君。国君看了用很贵的价钱买的马骨头，很不高兴。买马骨的人却说，我这样做，是为了让天下人都知道，大王您是真心实意地想出高价钱买马，并不是欺骗别人。果然，不到一年时间，就有人送来了3匹千里马。

郭隗讲完上面的故事，又对燕昭王说："大王要是真心想得人才，也要像买千里马的国君那样，让天下人知道你是真心求贤。你可以先从我开始，人们看到像我这样的人都能得到重用，比我更有才能的人就会来投奔你。"

燕昭王认为有理，就拜郭隗为师，还给他优厚的俸禄。并让他修筑了"黄金台"，作为招纳天下贤士人才的地方。

消息传出去不久，乐毅、邹衍和剧辛等一大批贤士纷纷从各自的国家来到燕国。经过20多年的努力，燕国终于强盛起来，终于打败了齐国，夺回了被占领的土地。

用买马骨的方法来买得千里马，用修筑黄金台的方法来吸引天下的人才，所运用的都是用人策略中的一种海潮效应。

人才乃强国之本。求贤纳士，选人用才，贵在诚心实意。燕昭王采纳郭隗建议，不以“才”小而不敬，敢向天下人昭示自己尊重人才、招募人才的诚心，所以四方贤士纷至沓来，燕国由此日渐强盛，给后人留下了深刻的启示。

作为一个组织，必须通过调节对人才的待遇，以达到人才的合理配置，从而加大本单位对人才的吸引力，同时加大对人才的宣传力度，形成尊重知识、尊重人才的组织文化，吸引外来人才加入。

“注重人才，以人为本”，宝洁公司把人才视为公司最宝贵的财富。宝洁公司的一位前任董事长Richard曾说：“如果你把我们的资金、厂房及品牌留下，把我们的人带走，我们的公司会垮掉；相反，如果你拿走我们的资金、厂房及品牌，而留下我们的人，十年内我们将重建一切。”

宝洁在营销上无疑是成功的典范，开创了很多独特的营销方法。但在这背后，是宝洁对一个强大团队的支持。在人才培养方面，宝洁也有不少创举成为人力资源管理的经典。在国际上，宝洁被喻为管理的大学，商业精英的摇篮。

作为一家国际性的大公司，宝洁公司是当今为数不多的采用内部提升制的企业之一。记录显示，在过去的50年中，宝洁所有总监以上的职位都是内部提拔。

员工进入公司后，宝洁就非常重视员工的发展和培训。通过正规培训以及工作中直线经理一对一的指导，宝洁员工得以迅速地成长。

宝洁为每一位员工建立职业素养记录，员工每一次职业素养的提高都被记录在案，员工的职业素养有数字化的成绩，升职加薪都与之有关。

在宝洁，每一位员工在加入公司之初就被清晰地告知未来在公司的发展道路与成长的办法，这就是著名的“Y”型职业生涯规划，其中提高职业素养是晋升与成长的主要方法。

这种量化的管理办法有力地激励员工主动争取职业素养的提高，清晰的路经和学习的内容使得员工对未来的发展明确而又易于把握。

“任何时候，任何地点，世界从来不缺乏人才”这就是宝洁的观点。科学量化的人才培养系统，持之以恒地追求，不仅为宝洁带来了160年的持续增长，更重要的是形成了一种独特的精英文化，这种精英意识充满自信与激情，可以成就任何伟大的事业。

现在很多知名企业都提出这样的人力资源管理理念：以待遇吸引人，以感情凝聚人，以事业激励人。

在人力资源管理中，如何设计激励模式是重大的课题。人才流动靠行政手段是行不通的，因此，必须要建立靠薪酬来配置企业人力资源的激励机制，特别是要考虑对人才的激励力度，激励机制运用的好坏在一定程度上是决定企业兴衰的一个重要因素。

美国的钢铁大王卡内基，在通向成功的道路上是非常重视人才的。

南北战争时期，卡内基正处于自己事业的发展期。他发现在现代社会中，铁桥必将代替木桥，于是他便找桥梁专家进行讨论。

他认识一位叫比波的工程师，架桥工程技术首屈一指的天才。比波认为卡内基用铁桥代替木桥的构想是非常好的，于是卡内基有意成立建设铁桥的公司，他对比波说：“你加入这家公司，给你股份，行不行？”

比波当然十分高兴。实际上，卡内基因为比波对公司的贡献主要是技术方面，实际上比波的股全由自己给出。

比波非常喜欢马，卡内基得知这个情况后，便问比波："比波，听说你非常喜欢马？"

"马？我喜欢马仅次于桥。"比波说。

"我的弟弟汤姆也喜欢马，他每天上班，大约16公里路程，都骑马，我送一匹纯种马给你吧！"

比波工程师听到马，两只眼睛立刻亮了起来。他是典型的马迷，为了能够拉住比波这位天才，卡内基不惜送给比波价钱很高的纯种马。

有一次，铁桥公司由于各种原因，已签订承建的圣路易铁桥的资金总是不能到位，比波产生了返乡的念头。但卡内基还是用三匹英国的好马挽留住了比波，并设法解决了各种麻烦，使圣路易铁桥终于大功告成。

正是在比波这样的天才人物的支持下，卡内基建立了自己最为坚实的基础——铁桥公司。而正是从铁桥公司，卡内基走向了钢铁大王的道路。

对卡内基来说，只要是他想用的人才，他都能用一定的方法攻其心，使其成为自己事业的支柱。

作为管理者，最忌讳的就是把员工只当作工具，当作机器，而不进行感情投入；实际上，用人最有效的方式，就是与员工建立合作的默契关系。

物质需要是人类的第一需要，也是基本需求，所以物质激励是激励的主要模式，在我国，由于职工收入较低，所以更是我国企业内部使用得非常普遍的一种激励模式。物质激励主要是改善薪酬福利分配制度使其具有激励功能。

完善多种分配机制。对不同类型人员，不同工作性质的单位或部门应该制定不同的薪酬方案，使之能发挥激励作用。比如机关与基层单位的管理和技术人员，供应、销售与其他部门的人员，高级与一般管理和技术人员，技术工人与普通工人，等等，他们的薪酬方案应该有所不同，我们可以结合绩效考核情况，完善薪酬分配方案，使之适应不同类型人员的需求，发挥薪酬激励作用。

把握住企业创新的原动力，采取国际上通行的技术入股、利润提成等措施，通过公平的分配体制，实现个人利益与企业利益的高度一致，使员工感觉到：有创造力就有回报。

只有分配关系理顺了，员工才会把精力集中在工作上，发挥创造性和主动性，真正实现个人与企业的共同发展。

重视非物质激励，包括职位的迁升、权利的扩大、地位的提高，这些使他们在精神上产生满足感，同时也包括如进修、学习等提高其自身素质和生存能力的培训。

每个人都有对职位、权利、地位等的追求，这是因为人具有的社会属性所决定的。所以当一个人的工作业绩很好，虽然得到了物质激励，仍然有这种对职位迁升、权利扩大、地位提高的需求，如果这种需求长期不能得到满足，必然会严重挫伤其工作的积极性。

所以必须对员工的这种需求有所考虑，并通过适时的激励，提高其工作绩效。

管理智慧

古语云：得人心者得天下！在企业管理中多点人情味，有助于赢得员工对企业的认同感和忠诚度。只有真正俘获了员工心灵的企业，才能在竞争中无往而不胜。

2. 适时的引进一条大鲶鱼

西班牙人爱吃沙丁鱼，但沙丁鱼非常娇贵，极不适应离开大海后的环境。当渔民们把刚捕捞上来的沙丁鱼放入鱼槽运回码头后，用不了多久沙丁鱼就会死去。因而人们称之为“休克鱼”。而死掉的沙丁鱼味道不好销量也差，倘若抵港时沙丁鱼还存活着，鱼的卖价就要比死鱼高出若干倍。

为延长沙丁鱼的活命期，渔民想方设法让鱼活着到达港口。后来渔民想出一个法子，将几条沙丁鱼的天敌鲶鱼放在运输容器里。因为鲶鱼是食肉鱼，生性凶残，游动速度很快，放进鱼槽后，鲶鱼便会四处游动寻找小鱼吃。

为了躲避天敌的吞食，沙丁鱼自然加速游动，从而保持了旺盛的生命力，因此极大地改变了鱼的生存环境。如此一来，沙丁鱼就一条条活蹦乱跳地回到渔港。“休克鱼”消失了。这就是人事心理学中所说的“鲶鱼效应”。

其实用人亦然。在某一个相对稳定的团队环境里生存久了，人的主观能动性会一直维持在一个相对稳定的水平，缺乏活力与新鲜感，容易产生惰性。尤其是一些老员工，工作时间长了就容易厌倦、疲惰、倚老卖老。这是不利于企业的持续进步的。

这时候就需要一定的刺激来激活人的创造性，是大家重新焕发出工作的激情来。因此有必要找些外来的“鲶鱼”加入公司，制造一些紧张气氛。

当员工们看见自己的位置多了些“职业杀手”时，便会有种紧迫感，知道该加快步伐了，否则就会被 Kill 掉。这样一来，企业自然而然就生机勃勃了。

当压力存在时，为了更好地生存发展下去，惧者必然会比其他人更用功，而越用功，跑得就越快。适当的竞争犹如催化剂，可以最大限度地激发人们体内的潜力。

大部分失败的公司，事先都有一些征兆显示已经出了问题，然而即使有少数管理者已略微察觉这些现象，也不太留意。如：企业的气氛沉闷，缺乏压力，管理层安闲舒适，员工充满惰性，一些真正具有能力和潜力的人员则得不到充分发挥才能的机会，他们或者离开公司，或者被无谓地浪费掉，企业慢慢地失去生机。

企业只有有了压力，存在竞争气氛，员工才会有紧迫感、危机感，才能激发进取心，企业才能有活力。

有一次，本田对欧美企业进行考察，发现许多企业的人员基本上由三种类型组成：一是不可缺少的干才，约占二成；二是以公司为家的勤劳人才，约占六成；三是终日东游西荡，拖企业后腿的蠢材，占二成。而自己公司的人员中，缺乏进取心和敬业精神的人员也许还要多些。

那么，如何使前两种人增多，使其更具有敬业精神，而使第三种人减少呢？如果对第三种类型的人员实行完全淘汰，一方面会受到工会方面的压力；另一方面，又会使企业蒙受损失。其实，这些人也能完成工作，只是与公司的要求与发展相距远一些，如果全部淘汰，这显然是行不通的。

后来，本田先生受到鲶鱼故事的启发，决定进行人事方面的改革。他首先从销售部入手，因为销售部经理的观念离公司的精神相距太远，而且他的守旧思想已经严重影响了他的下属。必须找一条“鲶鱼”来，尽早打破销售部只会维持现状的沉闷气氛，否则公司的发展将会受到严重影响。

经过周密地计划和不断地努力，本田先生终于把松和公司销售部副经理、年仅 35 岁的武太郎挖了过来。武太郎接任本田公司销售部经理后，凭着自己丰富的市场营销经验、过人的学识，以及惊人的毅力和工作热情，受到销售部全体员工的好评，员工们的工作热情被极大地调动起来，活力大为增强。

公司的销售出现了转机，月销售额直线上升，公司在欧美市场的知名度也不断提高。本田先生对武太郎上任以来的工作非常满意，这不仅是因为他的工作表现，还因为销售部作为企业的龙头部门带动了其他部门经理人员的工作热情和活力。

从此，本田公司每年重点从外部“中途聘用”一些精干的、思维敏捷的、30 岁左右的生力军，有时甚至聘请常务董事一级的“大鲶鱼”。这样一来，公司上下的“休克鱼”都有了触电式的感觉，业绩蒸蒸日上。

作为企业的管理者，利用“鲶鱼效应”进行管理，一般都会采用本田公司的做法：不断从别的企业引进人才，营造一种充满忧患意识的竞争环境，使组织保持恒久的活力，实现“引进一个，带动一片”的人才效益。

但这样做有利也有弊端，如果长期从外部引进高职位人才会使内部员工失去晋升的机会，一些真正有能力和潜力的员工则得不到充分发挥才能的机会，他们或者离开公司，或者被磨掉锐气，企业慢慢也会失去生机。

所以，发挥“鲶鱼效应”的关键是，你要准确地判断你的员工是否安分守己，不思进取。如果恰恰相反，你所在的部门有一个或几个生龙活虎，锐意进取的员工，本身就有一个良好的“鲶鱼效应”，而这时你仍然我行我素地坚持引进“鲶鱼”，就可能发生“能人扎堆”，内部起哄，人力资源管理效率低下，酿成“鲶鱼副效应”。

所以，我们不得不看到，这种引进外部力量刺激内部成员的做法也存在着一定的弊端。

首先，从企业这个大团队来讲，从外部引进的人才，其职位都不会太低，他们更多的是我们常说的“空降兵”，一到公司，就被委以重任，具体负责某一块的具体业务。

关于“空降兵”的优势与劣势在此处暂且不谈，我们只需要认识到，“空降兵”的到来，在一定程度上阻碍了原成员晋升的机会，从而扼杀了某些原本就非常努力的员工的奋斗激情。

对一些人来说，他们奋斗的目的就是为了晋升，为了更高的职位，为了更大的发展空间，这种目的完全是无可非议的。一旦他们发现自己失去了上升的空间，他们就会要么选择出走，要么就选择消极对待。如此一来，企业这个大团队的战斗力就被削弱得更厉害了。

其次，对公司内部的一个小团队来讲，既然是为了刺激团队的活力，所引进的新人在能力上就不会很弱，如果团队负责人再把握不住度，总是故意地把兴趣放到新人身上，势必会引起原有成员的不满，要是这种不满使原有成员变得更加消极，则引进“鲶鱼”刺激团队活力的结果就适得其反了。

最后，无论是“大团队”还是“小团队”，“鲶鱼”的进入能否和原有成员形成优势互补，是否具有合作观念，都会影响到团队以后的战斗力发挥。一旦引入的“鲶鱼”个人主义观念浓厚，单打独斗的行为明显，那么他不但不会产生"鲶鱼效应"，还会把团队仅存的一点战斗力给破坏掉。

鲶鱼效应固然可以提升一个团队的战斗力，但也可以毁掉团队的战斗力。是否要采取鲶鱼效应来刺激团队战斗力的爆发，还需要团队领袖对实际情况进行具体分析和决策。

因此，“鲶鱼效应”能否科学地发挥作用的至关重要的一点是科学地评价“鲶鱼”与“休克鱼”。如果眼光“见外不见内”，将本企业的“鲶鱼”错划成“休克鱼”，就可能导致优秀员工的流失。如果“鲶鱼”流失到对手企业，由于他深知本企业的“根底”，就会“知己知彼，百战不殆”地给企业带来极大的威胁，进而造成企业在激烈的市场竞争中的被动。

李先生原来是一外企A公司的企划部经理助理。三年来，他凭着自己的才干屡屡为公司创下佳绩。

前不久，A公司企划部经理因故辞职，员工们纷纷以为李先生毋庸置疑的最佳人选，可后来公司领导却做出了“让猎头公司为自己寻找‘更为合适的高级策划人才’的决定”。

两个月后，李先生辞掉了A公司的工作，并应一家民营企业B公司的邀请出任其销售部总监。后来，在一次业界的项目策划活动中，李先生以自己独特的策划方案击败了A公司的企划案，使B公司从此在市场上威名四振。A公司领导闻讯后，不禁扼腕长叹，悔恨连连。

显然，A公司未能看好李先生的工作潜能，是因为对其业务水平的错误判断，认为他“最多也不过就是目前这样子”。事实上，李先生到了另外一家企业后，却显示出确有过人的才华和实力。

管理智慧

当一个公司出现职位空缺时，应优先考虑公司内部的员工。其理由是，让员工知道公司关心他们个人的成长和发展，有利于营造良好的企业文化；再者可以节省公司的人力资源成本，避免出现比拼高价收购人才的现象。

3. 适当的压力更能激发竞争意识

心理学研究表明：人们在轻度兴奋和适当的压力状态下才能发挥最大的潜力。对于工作而言也是如此，英特尔公司深谙这一点。

怎样让员工兴奋地工作呢，英特尔管理人员经过研究发现：要想让员工乐于工作，必须为他们提供一个最具创造力、充满挑战性的工作环境。

公司在新成员到来之后，没有为他们提供专门的培训，而是马上让他们投入工作，让他们在工作中向别人学习经验，以迅速解决自己手上的问题。这种工作与学习方式激发了新员工无限的动力。

还有，在英特尔，不论个人是否已经做好晋升的准备，他们往往直接被授以更高的位置，这样一来，有能力的人将会接受更高的挑战。

葛洛夫认为，对于一个新员工来讲，有无发展潜力，不在于他过去的经验有多少，而在于他个人的学习速率。学习速率高的人，一旦授予更高的更具有挑战性的位置，他将会以更高的速度学习，往往在短期内就能达成目标。

举例来说，当公司提拔盖尔辛格负责 486 晶片开发计划时，他才刚刚 27 岁，或许没有太多的管理经验。但葛洛夫认为他是合适的人选，因为他有深厚的科技知识作背景，同时他有不断进取的决心，会主动学习和吸收所需的新知识。

结果上任后他成功地带领他的 486 开发团队顺利地完成了计划。在以后的工作中，他同样取得了好成绩，后来被公司提拔为部门的副总裁。

另外一位职员也值得在此一提，他就是 Pentium 微处理器开发团队里优秀的工程师辛格。他对设计新的开发工具有突出的特长，于是公司让他管理设计技术组。

虽然他并没有多少管理经验，但是他很快地投入学习。之后不久，他不仅在技术上将设计工具的品质大幅推进，而且对这个数百人组织的管理也有超乎预期的表现。

英特尔公司不断给员工提供在职训练，并且适时给他们发展的压力，使他们在兴奋紧张中不断学习。与此同时他们的工作能力和其他素质也都得到了提高。这对于公司和个人来讲都是非常有益的。

适当的压力可以转化为动力，因此给员工营造一个适当的压力氛围，可以调动他们工作的积极性，促进他们工作效率的提高。

比如给他们分配新的工作任务，让他们研究新的课题，为他们提供新的项目以及升职机会等等。英特尔正是通过这种方式才使它们公司的内部充满了竞争的活力。

1860年大选结束后几个星期，有位叫作巴恩的大银行家看见参议员萨蒙·蔡思从林肯的办公室走出来，就对林肯说："你不要将此人选入你的内阁。"

林肯问："你为什么这样说？"巴恩答："因为他认为他比你伟大得多。""哦，"林肯说，"你还知道有谁认为自己比我要伟大的？""不知道了。"巴恩说，"不过，你为什么这样问？"林肯回答："因为我要把他们全都收入我的内阁。"

事实证明，这位银行家的话是有根据的，蔡思的确是个狂态十足的家伙。不过，蔡思也的确是个大能人，林肯十分器重他，任命他为财政部长，并尽力与他减少摩擦。

蔡思狂热地追求最高领导权，而且嫉妒心极重。他本想入主白宫，却被林肯“挤”了，他不得已而求其次，想当国务卿。林肯却任命了西华德，他只好坐第三把交椅，因而怀恨在心，激愤不已。

后来，目睹过蔡思种种形状并搜集了很多资料的《纽约时报》主编亨利·雷蒙特拜访林肯的时候，特地告诉他蔡思正在狂热地上蹿下跳，谋求总统职位。

林肯以他那特有的幽默神情讲道：“雷蒙特，你不是在农村长大的吗？那么你一定知道什么是马蝇了。有一次我和我的兄弟在肯塔基老家的一个农场犁玉米地，我吆马，他扶犁。这匹马很懒，但有一段时间它却在地里跑得飞快，连我这双长腿都差点跟不上。到了地头，我发现有一只很大的马蝇叮在它身上，于是我就把马蝇打落了。我的兄弟问我为什么要打掉它。我回答说，我不忍心让这匹马那样被咬。我的兄弟说：‘哎呀，正是这家伙才使得马跑起来的嘛！’”

然后，林肯意味深长地说：“如果现在有一只叫'总统欲'的马蝇正叮着蔡思先生，那么只要它能使蔡思的那个部不停地跑，我就不想去打落它。”

林肯对待蔡思先生的故事，或许真的可以给我们更多的启示。既然我们的经营目标像毛主席说的那样“团结一切可以团结的力量”，不断挑战更高的管理绩效，那么，我们为什么不利用“马蝇效应”，学习林肯，把那些像蔡思先生一样又“刺头”又有强大能力或特殊资源的人充分利用起来呢？

仔细分析一下我们就可以发现，这几类员工有一个共同的特点：那就是他们不会轻易满足！他们有很强烈的占有欲，或既得利益，或权势，或金钱。

不会轻易满足，所以他们才会表现得与众不同，因为他们需要给领导留下更深刻的印象，因为他们希望由此而得到更多的满足，因为他们的身上都叮着些不断刺激他们积极进取的“马蝇”。

作为管理者，善用“马蝇效应”，不但可以有效减少组织冲突，而且可以让这些拥有各种资源和能力的人积极效力。对于那些有背景的员工来说，他们身上的“马蝇”就是稳定的既得利益以及某种心理上隐秘的满足感。

从工作能力上来讲，这些人不一定比其他同事强，但是，他们的心理状况一般好于他人，做人做事方面更自信，加上背景方面的优势，更能发挥出水平。对于这种人，最好的办法是若即若离，保持一定的距离。

这个小故事对管理者用人很有启发。越是有能力的员工越不好管理，因为他们有很强烈的占有欲，对既得利益、权势、金钱的占有欲。如果他们得不到想要的东西，他们要么会跳槽，要么会捣乱。要想让他们安心、卖力地工作，就一定要有能激励他的东西。这种激励因素不就是那只“马蝇”吗？

“汉堡包王”麦当劳公司为激励员工的工作热情，给勤奋上进的年轻员工提供了不断向上晋升的机会。公司规定，表现出色的年轻员工在进入麦当劳 8—14 个月后成为一级助理，也就是经理的左膀右臂。在这个阶段之后，那些表现突出的一级助理就会被提升为经理，使他们当管理者的心愿得到实现。

麦当劳为了使优秀人才能早日得到晋升，设立了这样一种机制：无论管理人员多么有才华，工作多么出色，如果他没有预先培养自己的接班人，那么其在公司里的升迁将不被考虑。

这一机制保证了麦当劳的管理人才不会出现青黄不接的情况，由于这关系到每个人的前途和声誉，所以每个人都会尽一切努力培养接班人，并保证为新来的员工提供成长的机会。这种激励机制正像马蝇一样，使马儿们欢快地奔跑起来了。

作为全球最大的网络解决方案供应商的思科公司奉行“员工是最大的智力资本”的企业文化，极为重视对员工的工作回报。为吸引优秀的在读学生毕业后来思科工作，他们对暑期实习学生使用了股票期权这个新武器。对暑期实习学生进行这样的回报分享，在业界还仅此一家。

一般情况下，每一位到思科的实习生可以得到500股公司的股票期权，公司保证这些股票期权的认购价将于下月的董事会会议上决定。

这些股票期权将分阶段在5年内实现。具体的规定是，工作满一年后，就开始有权购买总授予量1/5的股票期权。第一年后，这种可购买的授权计量就转为逐月计算，也即每多工作一个月，可购买的期权总量就增加总授予量的1/60。而且对于实习生而言，他们每个假期或上课期间在思科的实习时间都记入工作时间。

这种可累积的方式深受学生们的青睐。尽管学生们只有毕业后到思科工作才能享有这些期权，但人们并没对思科产生怀疑。因为只要你相信思科，愿意为它努力工作，这些期权很可能在毕业之前就已经一次或是多次分股，从而变成了一个更加诱人的数字。

正是采取这样的激励政策，思科招到了大量“最好的和最聪明的人才”，而这对于一个高科技公司来说是至关重要的。

管理智慧

人的欲求是千差万别的。有的人比较理想，可能更看重精神上的东西，有的人比较功利，可能更看重物质上的东西。要对症下药，投其所好，用不同的方式去激励他。总之，要让这匹马儿欢快地跑起来。

4. 尊重和信任是最好的激励

皮格马利翁是古希腊神话中塞浦路斯国王。这个国王性情孤僻，常年一人独居。他善于雕刻，孤寂中用象牙雕刻了一座表现了他理想中的女性的美女像。

久而久之，他竟对自己的作品产生了爱慕之情。他祈求爱神阿佛罗狄忒赋予雕像以生命。阿佛罗狄忒为他的真诚所感动，就使这座美女雕像活了起来。

皮格马利翁遂称她为伽拉忒亚，并娶她为妻。后人就把由期望而产生实际效果的现象叫作皮格马利翁效应。

在这个神话的基础上，美国著名心理学家罗森塔尔（Robert Rosenthal）和雅格布森进行了一项有趣的研究。他们先找到了一个学校，然后从校方手中得到了一份全体学生的名单。

在经过抽样后，他们向学校提供了一些学生名单，并告诉校方，他们通过一项测试发现，这些学生有很高的天赋，只不过尚未在学习中表现出来。其实，这是从学生的名单中随意抽取出来的几个人。

有趣的是，在学年末的测试中，这些学生的学习成绩的确比其他学生高出很多。研究者认为，这就是由于教师期望的影响。由于教师认为这个学生是天才，因而寄予他更大的期望，在上课时给予他更多的关注，通过各种方式向他传达“你很优秀”的信息，学生感受到教师的关注，因而产生一种激励作用，学习时加倍努力，因而取得了好成绩。

这种现象说明教师的期待不同，对儿童施加影响的方法也不同，儿童受到的影响也不同。借用希腊神话中出现的主人公的名字，罗森塔尔把它命名为皮格马利翁效应。

心理学家威廉·詹姆斯说过，人性最深切的渴望就是获得他人的赞赏，这是人类有别于动物的地方。对于孩子来说，由于年龄小，心理幼稚，他们最强烈的需求和最本质的渴望就是得到别人的称赞，尤其是来自父母的鼓励。一个人如果在童年时代很少被称赞，就会直接影响到他的发展，甚至导致他一生的个性缺陷。

韩国某大型公司的一个清洁工，本来是一个最被人忽视，最被人看不起的角色，但就是这样一个人，却在一天晚上公司保险箱被窃时，与小偷进行了殊死搏斗。

事后，有人为他请功并问他的动机时，答案却出人意料。他说：当公司的总经理从他身旁经过时，总会不时地赞美他“你扫的地真干净”。

你看，就这么一句简简单单的话，就使这个员工受到了感动，并以身相许。这也正合了中国的一句老话“士为知己者死”。

保罗·盖蒂是美国的一位石油开发商，他曾经买下一片土地的开发使用权，在这块地里富含大量的石油，可惜这片土地正好处在一片森林里。

很多石油公司嫌这块地面积不大，且道路不易铺设而放弃它。而保罗·盖蒂和他的下属到现场看了这块地，他们发现这里是可以采出石油的。

但保罗·盖蒂经过分析，认为这块地没有太大的开发前途，因为它的面积比一间房子还小，而且只有一条 4 尺宽的小路通到这块地上，这么窄的路，卡车是没办法开进去的。另外，这块地面积太小，用一般的方法开采是行不通的。

因此，保罗·盖蒂准备放弃此地，员工们当时都没有说什么反对意见。但是保罗·盖蒂还是有些舍不得这块地，最后他决定让员工们讨论一下，各抒己见，看看是否有办法克服这块地的缺点。

当初员工们还有些犹豫，保罗一再鼓励大家，他还许诺对有贡献和有好主意的员工视贡献大小给予奖励等等，见老板如此信任，大家都毫无拘束地议论起来，你一言我一语，不少主意就出来了。

“我想我们可以使用小一号的工具挖掘，这样或许可以节省一定的空间。”一位职工思考了良久才说道。

听到职工这么一说，保罗·盖蒂心中顿时豁然开朗，他一直认为交通是这块狭小油田的死结，现在这位员工想出使用小一号工具挖井，那么亦可以考虑使用小一号的铁路作为通向这油田的交通轨道。

于是，他又接着说：“如果大家能找到人设计和制造出小一号的工具，我们公司就能下手在这块地上开采石油。当然，接着还有一个问题，就是怎么使用小一号的交通工具把那里的石油运出来，请大家再好好想想，我们的员工真的是很优秀的。刚才那位员工竟然帮我们解决了大问题！”

保罗·盖蒂如此一讲，更是鼓励了员工们开动脑筋想办法。大家都是与油田打交道的工作人员，既知道挖井采油的方法和难处，又有解决问题的实际经验和体会，每个人都无所约束地畅所欲言，把自己的想法、看法都毫无保留地谈出来。

员工们由小一号挖井工具谈到小一号铁路和火车，进而谈到找谁设计和制造这些挖掘工具和交通工具的具体实施方案。

众人拾柴火焰高。经过保罗·盖蒂的一番激励和鼓动，员工们为开发森林里那块含油丰富的小油田找到了一个恰当的解决方案。大家确定用小型铁路和小型器材进入那块油田。

1927年2月21日，盖蒂石油公司终于在那块土地上挖出了第一口井，后来接二连三地挖出数口井，每口井都产出大量的原油，每天共产油1.7万桶。从1927年至1939年不到10年的时间，这块油田为保罗·盖蒂赚了数百万美元。

保罗·盖蒂一个让员工积极参与的简单想法使他获得了员工的信任，从而为他带来了几百万美元的收入。他的成功在于他对自己的员工充分信任，并且让员工积极参与公司的各项工作。

他还认识到，只有当管理者要实现的目标与被管理者的意愿相符合时，才可能有效地调动被管理者的积极性。他因此想办法为员工积极参与各项工作而设立各种奖励制度，结果他充分地调动了员工的积极性。最终保罗获得了成功。

对于管理者而言，每个人都不容忽视，因为每个人都不简单，每个人都与众不同的。他们之所以没有发挥出应有的水平，是因为管理者没有给他们充分的信任和表现的机会。

给他们一个展示自己的平台，为他们提供一个宽松的工作环境，信任并激励他们，他们将会为公司贡献出超乎想象的力量。无论一个员工的职位有多低，都应该享受为公司做出贡献的权利，这也是他应尽的义务。

美国著名女企业家玛丽·凯经理曾说过："世界上有两件东西比金钱更为人们所需—认可与赞美。"

金钱在调动下属们的积极性方面不是万能的，而赞美却恰好可以弥补它的不足。因为生活中的每一个人，都有较强的自尊心和荣誉感。你对他们真诚的表扬与赞同，就是对他价值的最好承认和重视。而能真诚赞美下属的领导，能使员工们的心灵需求得到满足，并能激发他们潜在的才能。打动人最好的方式就是真诚的欣赏和善意的赞许。

顽童当州长的故事是皮格马利翁效应的一个典型。罗杰·罗尔斯出生在纽约的一个叫作大沙头的贫民窟，在这里出生的孩子长大后很少有人获得较体面的职业。

罗尔斯小时候，正值美国嬉皮士流行的时代，他跟当地其他孩子一样，顽皮、逃课、打架、斗殴，无所事事，令人头疼。

幸运的是：罗尔斯当时所在的诺必塔小学来了位叫皮尔·保罗的校长，有一次，当调皮的罗尔斯从窗台上跳下，伸着小手走向讲台时，出乎意料地听到校长对他说，我一看就知道，你将来是纽约州的州长。校长的话对他的震动特别大。

从此，罗尔斯记下了这句话，“纽约州州长”就像一面旗帜，带给他信念，指引他成长。他衣服上不再沾满泥土，说话时不再夹杂污言秽语，开始挺直腰杆走路，很快成了班里的主席。

四十多年间，他没有一天不按州长的身份要求自己，终于在51岁那年，他真的成了纽约州州长，而且是纽约历史上第一位黑人州长。

通用电气的前任CEO杰克·韦尔奇就是皮格马利翁效应的实践者。他认为，团队管理的最佳途径并不是通过“肩膀上的杠杠”来实现的，而是致力于确保每个人都知道最紧要的东西是构想，并激励他们完成构想。

韦尔奇在自传中用很多词汇描述那个理想的团队状态，如“无边界”理论、四E素质（精力、激发活力、锐气、执行力）等，以此来暗示团队成员“如果你想，你就可以”。

在这方面，韦尔奇还是一个递送手写便条表示感谢的高手，这虽然花不了多少时间，却几乎总是能立竿见影。因此，韦尔奇说："给人以自信是到目前为止我所能做的最重要的事情。"

有"经营之神"美誉的松下幸之助也是一个善用皮格马利翁效应的高手。他首创了电话管理术，经常给下属，包括新招的员工打电话。每次他也没有什么特别的事，只是问一下员工的近况如何。当下属回答说还算顺利时，松下又会说：很好，希望你好好加油。

这样使接到电话的下属每每感到总裁对自己的信任和看重，精神为之一振。许多人在皮格马利翁效应的作用下，勤奋工作，逐步成长为独当一面的高才，毕竟人有70%的潜能是沉睡的。

美国钢铁大王卡内基选拔的第一任总裁查尔斯·史考伯说："我认为，我那能够使员工鼓舞起来的能力，是我所拥有的最大资产。而使一个人发挥最大能力的方法，是赞赏和鼓励。再也没有比上司的批评更能抹杀一个人的雄心……我赞成鼓励别人工作。因此我急于称赞，而讨厌挑错。如果我喜欢什么的话，就是我诚于嘉许，宽于称道。我在世界各地见到许多大人物，还没有发现任何人，不论他多么伟大，地位多么崇高，不是在被赞许的情况下，比在被批评的情况下工作成绩更佳、更卖力气的。"

史考伯的信条同卡内基如出一辙。正是因为两人都善于激励和赞赏自己的员工，才稳固地建立起了他们的钢铁王国。

当下属出现失误时，激励就尤为重要了。美国石油大王洛克菲勒的助手贝特福特，有一次因经营失误使公司在南美的投资损失了40%。贝特福特正准备挨骂，洛克菲勒却拍着他的肩说：全靠你处置有方，替我们保全了这么多的投资，能干得这么出色，已出乎我们意料了。这位因失败而受到赞扬的助手后来为公司屡创佳绩，成为公司的中坚人物。

人类本性中最深刻的渴求就是赞美。每个人只要能被热情期待和肯定，就能得到希望的效果。管理者应该而且必须赏识你的下属，要把赏识当成下属工作中的一种需要。赞美下属会使他们心情愉快，工作更加积极，用更好的工作成果来回报你，何乐而不为呢！

对一个人传递积极的期望，就会使他进步得更快，发展得更好。反之，向一个人传递消极的期望则会使人自暴自弃，放弃努力。

皮格马利翁效应在学校教育中表现得非常明显。受老师喜爱或关注的学生，一段时间内学习成绩或其他方面都有很大进步，而受老师漠视甚至是歧视的学生就有可能从此一蹶不振。一些优秀的老师也在不知不觉中运用期待效应来帮助后进学生。

在企业管理方面，一些精明的管理者也十分注重利用皮格马利翁效应来激发员工的斗志，从而创造出惊人的效益。

管理智慧

在现代企业里，皮格马利翁效应不仅传达了管理者对员工的信任度和期望值，还更加适用于团队精神的培养。即使是在强者生存的竞争性工作团队里，许多员工虽然已习惯于单兵突进，我们仍能够发现皮格马利翁效应是其中最有效的灵丹妙药。

5. 让企业成为“员工的乐园”

中国古代就有与民同乐的传统。无论对于国家的领导者还是企业的领导者来讲，与民同乐都是非常重要的。

作为一位领导者与下属同乐，不仅使下属也能从中享受到快乐，更重要的是这样做能使员工感受到平等和被重视，这样自然会更好地激发出他们的工作热情。

而且与员工在分享快乐的同时，你的快乐也并不会减少分毫，又可以成为员工辛勤工作的动力，何乐而不为呢？

海因茨是美国著名食品公司亨氏公司的总裁，也是世界食品业巨子。当他的公司还处在起步阶段的时候，他去佛罗里达旅行。公司员工对他说：“好好玩一玩，你太累了，一年到头也难得轻松那么一回，这会就放心去玩吧，公司的事由大家处理。”

可是没过多久，他就回来了，而且没玩几天。“怎么这么早就回来了？”大家以为他在外面碰到不愉快的事。

“你们也不在，我一个人也没有多大意思。”说着，他指挥一些人在工厂中央安放了一只大玻璃箱，其他员工纳闷地过去看，原来里面有一只短吻鳄，重达 800 磅、身长 14.5 英尺、年龄为 150 岁。

“怎么样，这个家伙看起来还好玩吗？”

“好玩，我们从没有见过这么大的短吻鳄。”很多员工这么说。

“这个家伙是我佛罗里达之行最得意的收获！”海因茨笑呵呵地说，“也是我最兴奋的事情，请大家工作之余一起与我分享快乐吧！”

原来，海因茨是特意为员工们买回来的，他不喜欢一个人独自享拥这个稀有的动物所带来的乐趣，于是就干脆把它买回家与员工们一同欣赏。

后来，海因茨创建了 H. J. 亨氏公司，有人说：这个食品王国里的“国王”是从宾夕法尼亚的菜地里走进商界的。因为他的公司最初以开发农产品起家。

到了 1900 年，亨氏公司的产品种类超过了 200 种，跃居美国大公司的行列。又经过几代人的努力，亨氏公司的产品由婴儿营养奶粉、婴儿营养米粉扩展到生产罐装鱼、青豆罐头、泡菜、芥末粉等，这些食品成为美国人生活离不开的一部分。

现在亨氏公司的分公司和工厂遍及世界各地，这是一个年销售额高达 60 亿美元的超级食品王国。

那么，那个 8 岁就带领弟弟妹妹种菜的小男孩是如何创立这个超级食品王国的呢？应该说，海因茨在经营过程中有很多招式，但建立一个融洽的劳资关系是他经营的一个重要秘诀。

他是个身材短小的家伙，可员工们都认为他非常高大，因为他特别善于用自己的热情来打动员工，使大家深受感动、为之振奋，并且总能与大家一起分享他的快乐。

亨氏公司的这种劳资关系被认为是全美工业的楷模，他的公司也被誉为“员工的乐园”。

微软创始人比尔·盖茨就是一个非常有激情的领导者，他的每次演讲都能引起听讲者的共鸣，激励起员工的斗志。“我们公司文化的核心就是激情文化，员工必须要有激情，才能全身心地投入到工作中去，而技巧是可以培养的。”

比尔·盖茨说：“我曾经有一个梦，这个梦就是在世界上建立一个让美国人可以骄傲的软件公司。”

微软公司人力资源部人事经理威廉·哈里斯非常指出：“软件行业的发展离不开激情，研发工作是非常枯燥的，如果没有激情，没有对软件行业的一种感情，根本无法坚持下来，所以在挑选员工时，我们要看他对这份职业是否有兴趣，是否有激情，有时候这甚至比技术方面的考察更重要。”

“我们公司没有考勤钟，不记录迟到、早退，但员工都很自觉。”

威廉·哈里斯自豪地说，微软公司为员工提供了很好的服务设施，每天免费供应各种饮料，早上有牛奶，中午有酸奶，还有各种点心和方便食品，晚上加班有夜宵供应。

公司内甚至还设有临时卧室，有员工加班或身体不舒服可以随时休息。公司的阿姨和快递可以为员工处理家里的事情，比如交水电费、寄信，甚至接送家属，让员工能够全身心地投入工作。

逢年过节，会有总裁亲笔签名的慰问信寄给员工的家人，有时候还会邀请家属参加公司的活动。在人员流动率较高的 IT 行业，微创公司的流动率却很低，“有些部门的流动率为零，高的也只有百分之十几。”

当有员工提出跳槽时，部门主管和人事部门都会和他做离职沟通，询问离职原因，并做好善后工作，“即使是公司解聘员工，也会进行沟通，听取员工意见。”

因为，激情是最好的导师，它让新学员对军人的职业充满了向往，而由于激情所产生的动力又推动着学员不断地寻求新的突破。也就是说激情是前进的向导，而对军人职业的热爱则是推动学员们在学习和执行任务中不断前进的动力。调动学员的热情就是西点军事训练中的核心内容。

松下幸之助认为，一个员工是否喜爱他的职业，这是很容易就能看出来的。他十分投入，其表现出来的自发性、创造性、专注和谨慎，非常明显。

在松下公司的领导者眼里，那些充满乐观精神、积极上进的员工，做什么事都干劲十足，神情专注，心情愉快，自己创造机会，把握机会，一心想把训练任务完成的更加完美。

松下公司尤其注重对不同资质的员工能力的发掘和引导。人力资源部经理运用一切方法来充分调动员工的积极性，也时时刻刻影响着周围的员工，让他们体会到热爱工作的意义和快乐。

松下公司的人力资源部经理可以说就是热爱工作这种教育的最好典范。松下公司的人力资源部经理对自己的训练工作有非常严格的要求，他们在培训新员工的过程中竭尽全力，以满腔激情、爱心和责任心对待每一位员工，员工也能从他那里得到教育，并且受益无穷。教官们好像要把温暖的阳光一丝不留地照射到每个员工的心中。

而在许多公司中人力资源部的培训师的态度则是难以和松下公司的人力资源部经理相比的，他们从早晨一开始就对一天的培训工作感到乏味，一想到要去给那些愚蠢的新员工上课，就深恶痛绝，想着如果哪一天不用上课就解放了。他们是一种得过且过的心态，反而把不良的心态传染给了新员工。但是，松下公司的人力资源部经理以自己的行动教育新员工——对职业的热爱是前进的动力。

松下公司还十分注重从一些细微的之处培养员工的激情和积极性。员工都要学习解决生活中遇到的问题，譬如补鞋这么个看似简单的工作，员工把它当作艺术来做，全身心地投入进去。无论是一个小小的细节，员工们都会认真去做。这样的员工给你的感觉，他就是一个真正的艺术家。

速记同样是松下公司所要求的一项基本技能，有一些员工，他们的速记能力很高，而且精神状态好，让他的上司也能感受到他的工作是一种真正的愉悦。

但在许多公司中，许多员工则对工作粗心大意、敷衍了事，从不认真要求自己，只求速成，不管质量，即便是犯了错误也不在乎。这在松下公司的员工看来却会感到大为不安，假如由于个人的问题而使上司受损，更是痛苦不堪。

同样在一个公司里也是这样，办公室、商店、工厂里，随处可见一些职员散漫拖沓，似乎连走路都要费很大的劲，让人觉得，对他们来说生活是一个沉重的负担。他们厌恶自己的工作，希望一切都快些结束，他们根本就不清楚，为什么别人能充满激情，干劲十足，自己却总是觉得不管什么事情乏味无聊。看着这样的职员干活，简直就是受罪，他们愤世嫉俗。

而那些充满乐观精神、积极上进的西点员工，做什么事情都是干劲十足，神情专注，心情愉快，自己创造机会、把握机会，一心想把任务完成得更好。对工作的不同态度：或认认真真，或充满激情或不冷不热，或专注投入或冷漠淡然，其最终的结果存在着天壤之别。

每一个上司会自然而然地觉得，兢兢业业，神情专注，充满热情的员工更加值得信任。每一次提升对他们都是莫大的鼓励。这些员工的积极心态也往往会感染他的上司，上司也知道，这样的下属在竭尽全力帮助自己，并且对那些散漫拖沓的员工也是一种激励。

另一方面，在那些冷漠、马虎、懒惰的员工的影响下，管理者的工作态度也会改变很多，存在一种随遇而安的心理。所以，他会自觉地与有良好心态的员工在一起，关心他们的生活，对那些不专心工作，逃避责任，不注重实绩的员工，有一种本能的排斥心理。

管理智慧

我们对任何一件小事，任何一个细节，都认真对待、关注，每做一件事情都全身心地投入，充满热情，那么，你终究有一天会成功的。

6. 管理要赢得员工的心

一个高明的管理者，会通过各种方法使他的下属认识到自己所处的位置、所从事的工作是与整个企业的运作息息相关的。他会让员工参与决策，充分尊重下属的意见，使员工意识到，只有风雨同舟，才能一荣共荣。

在日常管理中，成功的领导者都主动让员工充分认识到自己的地位，激发员工的参与兴趣和激情，而员工们则会义无反顾地把自己的精力全部投入到事业中，使企业得到长远发展。

西洛斯·梅考克，被人们誉为企业界的全才，他是美国国际农村公司的创始人，世界上第一部收录机的发明者。梅考克几十年的企业生涯，历经起落沧桑，但他以自己的极高能力，屡屡赢得成功。

梅考克创业初期，拥有一个专门生产机械零件的小制造厂。有一次，他接了一笔很大的订货单，但是，车间的工作是早已经计划好了的。

梅考克深知自己无法满足预定的订货日期，但他并没有因此催促工人，让他们加速工作以突击完成这批订货，而是把工人都召集到一起，解释了一下面临的情况，并告诉他们，如果他们能按期完成这批订货，对于公司和他们自己都具有的重要性。

接着，梅考克开始提出问题，他问大家：

“我们还有什么别的办法来完成这一大批订货吗？”

“谁还能想出其他的办法来处理这笔订货？”

“有没有办法调整我们的工作时间或人力配备，以便有助于突击完成这批货？”

员工们议论起来，大家畅所欲言，纷纷提出了许多好办法。最后，大家加班加点工作，终于按期交了货。

梅考克是非常明智的，他通过承认并尊重员工的个人价值与地位，让他们参与企业的重大问题决策过程，为他们订立一个坐标，让每个员工在坐标上找到属于自己的位置。这样，他们就更容易接受命令，从而使雇员的自我目标自动纳入到企业的整体目标中。

一个企业取得成功，离不开集体的力量和智慧，需要每一个员工充分认识自己的位置并发挥自己应有的作用。

作为管理者，应该确定每个人在公司中的坐标，赢得员工的心。要学会站在员工后面，而不是站在员工的前面指手画脚；同时，要创造一种环境，树立起员工的主人翁意识，鼓励员工的创造性和积极性，使员工的才智得以充分地发挥。

一个优秀的管理人员，不在于你多么会做具体的事务，因为一个人的力量毕竟有限，四两拨千斤，聪明的人总会利用别人的力量获得成功。领导者最大的本事是发动别人做事。

有自觉性才有积极性，无自决权便无主动权。在管理的过程中，我们常常过多地强调了“约束”和“压制”，事实上这样的管理往往适得其反。如果人的积极性未能充分调动起来，规矩越多，管理成本越高。

聪明的企业家懂得在“尊重”和“激励”上下功夫，了解员工的需要，然后满足他。只有这样，才能激起员工对企业和自己工作的认同，激发起他们的自发控制，从而变消极为积极。真正的管理，就是没有管理。

促进员工自我管理的方法，就是处处从员工利益出发，为他们解决实际问题，给他们提供发展自己的机会，给他们以尊重，营造愉快的工作氛围。做到了这些，员工自然就和公司融为一体了，也就达到了员工的自我控制。

“做软件，到微软。”这是每一位在微软中国研究开发中心工作的人经常自豪地讲的一句话。去微软做软件，可以说是每一个做软件的人梦寐以求的事。为什么？因为除了过硬的技术外，微软能为自己的员工提供最大的实现自己创意的空间，能使你的自我发展和自我实现价值得到最完美的实现。

微软公司的企业文化强调充分发挥人的主动性，让员工有很强的责任感，同时给他们做事情的权力与自由。简单地说，微软的工作方式是“给你一个抽象的任务，要你具体地完成”。对于这一点，微软中国研发中心的桌面应用部经理毛永刚深有体会。

毛永刚说，1997年他刚被招进微软中国研究开发中心时负责做Word。当时他只有一个大概的资料，没有人告诉他该怎么做，该用什么工具。和美国总部交流沟通，得到的答复是一切都要靠自己去做。

就如要测试一件产品，却没有硬性规定测试的程序和步骤，完全要根据自己对产品的理解，考虑产品的设计和用户的使用习惯等，发现许多新的问题。这样，员工就能发挥最大的主动性，设计出最满意的产品。

微软是个公平的公司，这里几乎没有特权。盖茨只是这两年才有了自己的一个停车位。以前他来晚了没地儿，就得自己到处去找停车位。正是这种公平和富有挑战性的工作环境，激发了微软员工巨大的工作热情，这种热情就是管理员工的最大工具。在微软，员工基本上都是自己管理自己。

增强员工的自发控制可以大大提高管理的效率，这一点已经受到了国内许多企业的重视。青岛澳柯玛集团在这一点上就做出了不错的成绩。作为国有特大型企业集团，澳柯玛始终恪守人本管理的原则，成功地建立起了以“善待员工，厚爱企业”为核心的企业文化，大大加快了企业的发展，同时调动了职工爱岗敬业的积极性，有效地促进了员工们的自我管理。

对企业来说，出现劳资纠纷是最平常不过的事情。但在澳柯玛，这种现象没有存在过，也从未出现过一次职工上访情况。为此，青岛市授予他们“信访工作先进单位”的荣誉称号。而这正是澳柯玛善待员工的一个注脚。

澳柯玛集团公司特别注重通过人性化管理和为职工谋福利来共求发展。这些年来，从为职工解决住房、进行技术培训、开展困难救助到改善工作环境、开通班车，凡是职工在工作、学习、生活中有要求的，公司几乎没有不考虑到并努力去做到的。

公司在细微之处体现出的人情味特别让人感动。据悉，从 1995 年至今，澳柯玛共拿出了 17 亿元来解决职工住房问题。

澳柯玛集团公司现有职工 8000 多人，其中农民工大约占到一半以上。公司不仅在合同、保险等方面对农民工和城镇职工一视同仁，还通过考察学习、技术培训和业务培训等，尽快提高农民工的素质和技能，并对有能力的农民工委以重任。目前，集团有相当一部分中层干部就是从农民工中产生的。

市场经济条件下，职工和企业是利益共同体。企业善待员工，员工必然会对企业充满感情。在澳柯玛，职工们工作的积极性特别高，自我管理能力也很强，尤其是提合理化建议的热情特别高。

职工王义照等人为降低冰柜产品成本，对展示柜产品进行了结构改造，只这一项一年就可以为公司节约成本 280 万元；职工赵定勇等人对冰箱环形发泡线进行技术改良，从而给公司创造经济效益 80 万元。据统计，近三年来，职工提合理化建议共计 3200 余条，其中被采纳 1560 条，创造经济效益达 6300 万元。

“善待员工，厚爱企业”，良性互动让企业与职工的心贴近了，企业发展步伐由此更快了。如今，澳柯玛每年销售收入的增幅都在 20% 左右，职工人均年工资收入超过 12 万元，远高于当地平均水平。

管理智慧

促进员工自我管理的方法，就是处处从员工利益出发，为他们解决实际问题，给他们提供发展自己的机会，给他们以尊重，营造愉快的工作氛围。做到了这些，员工自然就和公司融为一体了，也就达到了员工的自我控制。

7. 尊重比奖励更能激发斗志

要使人们始终处于施展才干的最佳状态，唯一有效的方法，就是表扬和奖励，没有比受到上司批评更能扼杀人们积极性的了。

在下属情绪低落时，激励奖赏是非常重要的。身为管理者，要经常在公众场所表扬佳绩者或赠送一些礼物给表现特佳者，以资鼓励，激励他们继续奋斗。

一点小投资，可换来数倍的业绩，何乐而不为呢？在不改变药效的情况下，给药加点糖，效果会更好。

日本索尼公司创始人盛田昭夫是一位懂得批评艺术的成功企业家。

索尼公司是靠生产电子产品起家的，其中随身听是该公司的重要产品。一次，索尼的一家分公司销售到东南亚的产品出了问题，总公司不断收到来自东南亚的投诉。

后来，经过调查发现，这种随身听的包装上有问题，但并不影响随身听的内在质量，分公司立即更换了产品包装，解决了问题，可盛田昭夫却并未对此事善罢甘休。

他将这家分公司的经理请到总公司的董事会上，要求他对这一错误作陈述报告。在会上，盛田昭夫对其进行了极其严厉的批评，并要求全公司以此为戒。

该经理在索尼公司勤勤恳恳地工作了几十年，第一次在众人面前受到如此严厉的批评，他在难堪尴尬之余，禁不住失声痛哭。盛田昭夫的小题大做使其他董事都觉得他做得太过分。

会后，该经理步履沉重地走出会议室，心里考虑着是否应该提前退休。此时董事长的秘书走过来，盛情邀请他一块去喝酒，但经理哪里还有心思，但在秘书的强拉硬扯下，俩人走进了一家酒吧。

经理说："我现在已是被总公司抛弃的人了，你怎么还请我喝酒。"

秘书说："董事长一点也没有忘记你为公司做的贡献，今天的事情他也是出于无奈。会后，他知道你会为此事伤心，所以特地叮嘱我请你喝酒。"

接着，秘书又对他说了一些安慰的话，该经理极端不平衡的心态才缓和了一些。喝完酒，秘书陪着经理回到家。

刚进家门，妻子就迎上来对丈夫说："你们总公司对你真重视！"

经理听了非常奇怪，怎么妻子也来讽刺自己。这时，妻子拿来一束鲜花和一封贺卡说："今天是我们结婚20周年的纪念日，你肯定忘记了。"

在日本，员工都拼命为公司工作，像妻子的生日以及结婚纪念日这样的事情，通常都无暇顾及。该经理仍不明白："可是这跟我们总公司又有什么关系呢？"

他的妻子给他解释了一番，他才恍然大悟。原来，索尼公司的人事部门对员工的生日、结婚纪念日等都有记录，每当遇到这样的日子，公司都会为员工准备一些鲜花或礼品。只不过今天有些特别，这束鲜花是董事长盛田昭夫特意为他们订购的，并附上了一张他亲手写的贺卡，勉励这位经理继续为公司竭尽全力工作。

盛田昭夫是一位擅长批评艺术的专家，为了总公司的利益，他对犯错误的员工不能有丝毫的宽待，但考虑到这位经理是老员工，而且在生产经营上确实是一把好手，为了避免彻底打垮他的自信心和工作热情，所以他事后采用这样的方式向其表达一定的歉意。盛田昭夫经常使用这样的方式，被索尼公司的许多人称之为"鲜花疗法"。

"鲜花疗法"能起到积极鼓励的作用，在于它符合人性的特点。每个人都有自我满足的需要，除生理需要外，被别人承认、受到社会的尊重、有成就感等心理需要也是非常重要的。

作为管理者，不但在物质生活上满足员工的愿望，而且也要在心理上使员工感到被尊重、自己的工作是有意义的，这往往比金钱等物质上的奖励更能激发员工的斗志。

约翰·卡尔文·柯立芝于1923年成为美国总统，他有一位漂亮的女秘书，人虽长得很好，但工作中却常因粗心而出错。

一天早晨，柯立芝看见秘书走进办公室，便对她说："今天你穿的这身衣服真漂亮，正适合你这样漂亮的小姐。"这句话出自柯立芝口中，简直让女秘书受宠若惊。柯立芝接着说："但也不要骄傲，我相信你同样能把公文处理得像你一样漂亮的。"

果然从那天起，女秘书在处理公文时很少出错了。一位朋友知道了这件事后，便问柯立芝："这个方法很妙，你是怎么想出的？"柯立芝得意扬扬地说："这很简单，你看见过理发师给人刮胡子吗？他要先给人涂些肥皂水，为什么呀，就是为了刮起来使人不觉痛。"

麦金利在1856年竞选总统时，就运用了这种方法。

共和党一位重要党员，绞尽脑汁撰写了一篇演讲稿，他觉得自己写得非常成功。他很高兴的在麦金利面前，先把这篇演讲稿朗诵了一遍——他认为这是他的不朽之作。这篇演讲稿虽然有可取之点，但并不尽善尽美，麦金利听后感到并不合适，如果发表出去，可能会引起一场批评的风波。麦金利不愿辜负他的一番热忱，可是，他又不能不说这个"不"字。现在，看他如何应付这个场面。

麦金利这样说："我的朋友，这真是一篇少有见到，精彩绝伦的演讲稿，我相信再也不会有人比你写得更好了。就许多场合来讲，这确实是一篇非常适用的演讲稿，可是，如果在某种特殊的场合，是不是也很适用呢？从你的立场来讲，那是非常合适、慎重的；可是我必须从党的立场，来考虑这份演讲稿发表所产生的影响。现在你回家去，按照我所特别提出的那几点，再撰写一篇，并送一份给我。”

他果然那样做了，麦金利用蓝笔把他的第二次草稿再加以修改，结果那位党员在那次竞选活动中，成为最有力的助选员。

华克公司在费城，承包建筑一座办公大厦，而且指定在某一天必需竣工完成。这项工程，每一件事进行得都非常顺利，眼看这座建筑物就快要完成了。

突然，承包外面铜工装饰的商人，说他不能如期交货。什么！整个建筑工事都要停顿下来！不能如期完工，就要交付巨额的罚款！惨重的损失——仅仅是为了那个承包铜工装饰的商人。

长途电话，激烈的争辩，都没有半点用处，于是卡伍被派往纽约，找那个人当面交涉。

卡伍走进这位经理的办公室，第一句话就这样说：“你该知道，你的姓名在勃洛克林市中，是绝无仅有的？”这位经理听到这话，感到惊讶、意外，他摇摇头说：“不，我不知道。”

卡伍说：“今晨我下了火车，查电话簿找你的地址，发现勃洛克林市里，只有你一个人叫这个名字。”

那经理说：“我从来没有注意过。”于是他很感兴趣的把电话簿拿来查看，果然一点也不错，真有这回事。那经理很自傲地说：“是的，这是个不常见到的姓名，我的祖先原籍是荷兰，搬来纽约已有两百年了。”接着就谈论他的祖先和家世的情形。

卡伍见他把这件事谈完了，又找了个话题，赞美他拥有这样一家规模庞大的工厂。卡伍说：“这是我所见过的铜器工厂中最整洁、完善的一家。”

那经理说：“是的，我花去一生的精力经营这家工厂，我很引以为荣，你愿意参观我的工厂？”

参观的时候，卡伍连连盛赞这工厂的组织系统，且指出那一方面要比别家工厂优良，同时也赞许几种特殊的机器。这位经理告诉卡伍，那几项机器是他自己发明的。他花了很长的时间，说明这类机器的使用方法，和它的特殊功能。他坚持请卡伍一起午餐！这一点你必须记住，直到现在，卡伍对于他这次的来意还只字未提。

午餐后，那位经理说：“现在，言归正传。当然，我知道你来这里的目的。可是想不到，我们见面后，会谈得这样的愉快！”他脸上带着笑容，接着说：“你可以先回费城，我保证你的订货，会准时运送到你们那里，即使牺牲了别家生意，我也愿意的。”

卡伍并没有任何的要求，可是他的目的都很顺利的达到了。那些材料，全部如期运到，而那座建筑也没有受到任何的影响而如期完成。现在话又说回来如果卡伍当时用了激烈争辩的方法，会不会有这样满意的结果？所以，不使对方难堪、反感，而改变一个人的意志。

批评是进步的明灯，因为有批评才有进步。俗语说得好：人非圣贤，孰能无过？圣贤都会有过错，何况我们这些凡人呢！而有了过错，就得有人来指正，这样才会有进步。

管理智慧

当局者迷，旁观者清。往往我们做错了事，自己却不知而需借助别人的批评、指正。赞美要看时机，批评要靠技巧。我们不要用恶语中伤他人，劝告他人时，如果能态度诚恳，语出谨慎，那我们将会得到更多的友谊，为我们的人缘加分。

8. "欲取先予"的经营之道

每个人都有贪图利益之心，只是所表现出来的程度不同罢了。所以，在做事之前，可以欲取先予，适当地做一些小的投资，让别人抓住小利的绳索，以小利投资就可以取得更大的利益，这不失为一个好计谋。

有一家超市训诫员工时，经理这样对下属说，"来超市的人，大多数追求的是一种心理，要想收获必先付出，即欲取先予"。

虽然这家超市刚刚面世没多长时间，但其以分期分类推出低价、全方位整合策略，在顾客心中树立了良好形象。每天都推出几种热销商品，进行特价销售，并结合各种节假日，辅之以广告、海报等多视角、多渠道宣传，虽时间不长却声名鹊起，就这样，他们奠定了良好的口碑。

他们和一般商家有一个不同点是，这家超市没有将滞销、积压产品变相打折，也没有进行什么华而不实的所谓全场折扣、甩卖活动，而是以与人们生活密切相关的，也就是每个人都需要的商品作龙头，引领消费需求，让人感到店家的诚心诚意、实实在在。

这样一来，消费者耳闻目睹，看到有"利"可图，竞相前来"凑"热闹。在某一商品上，店家或许是微利，或是低于进价销售，从表面看上去好像店家亏了，但顾客趋之若鹜的同时，"人气指数"陡增。

据观察，凡冲着低价商品而来的，两人中至少有一人顺便"捎走"其他物品，精明的店家不仅没有"赔本赚吆喝"，反而名利双收，一举两得。

到底是什么原因？店家的精明自不必说，而一位顾客的话更有说服力："现在各店家哪个不搞促销，但这家超市的做法表明他们把顾客挂在了心上，追求的是互惠双赢，到这样的超市买东西，让人心里舒服。"

欲取先予，不战屈兵，实乃大善，可见这种方法真的会起到很好的效果。

一位商人遇到了难处，他的生意越做越小，于是他请教智尚禅师。禅师说："后面的禅院有一架压水机，你去给我打一桶水来！"

半晌商人汗流浃背地跑来，说："禅师，压水机下面是枯井。"禅师说："那你就去给我到山下买一桶来吧。"

商人去了，回来后仅仅拎了半桶水。禅师说："我不是要你买一桶水吗，怎么才半桶呢？"

商人红了脸，连忙解释说："不是我怕花钱，山高路远，实在不容易啊！"

"可是我需要一桶水的，你再跑一趟吧！"禅师坚持说。

商人又到山下买了一桶水回来。禅师说，现在我可以告诉你解决的办法了。于是带他来到压水机旁，说："将那半桶水统统倒进去。"商人非常疑惑，犹豫着。

"倒进去！"禅师命令。

于是，商人将那半桶水倒进压水机里。禅师让他压水看看。商人压水，可只听那喷口呼呼作响，没有一滴水出来，那半桶水全部让压水机吞进去了。商人恍然大悟，他又怜起那整桶的水全部倒进去，再压，果然清澈的水喷涌而出。

万事皆因果，得有前因才能有后果。假如你不付出自己的水，没有足够的压力，它就一滴都不会回报你，想得到更多的回报，你必须先舍得付出啊。

在美国，有一家公司生产口香糖，尽管糖的品质优良，包装精美，价格适中，但因是新产品，一时间根本没有办法打开销路。

这时，公司经理突发奇想，让员工把纽约市居民的地址抄在信封上，每个信封里放上该公司生产的口香糖。

不久，纽约市的家家户户几乎同时收到了这份意外的礼物，大街上都是嚼着公司赠送的口香糖的孩子。这一“街景”如同一幅幅活广告。

过了几天，公司又寄送出了第二份赠品。一段时间之后，这家公司不再寄糖了，但孩子们已经习惯于这种糖的口味，他们成群结队地到各家商店去购买，这家公司很快把市场打开了。

想要用欲取先予的办法，还有一些问题需要注意：

自揭其短，异曲同工一般人都认为，对企业的生意来说，“自揭其短”是极为不利的。然而，日本丰田汽车却敢于自揭其短。

他们为了确保丰田轿车的质量，开展了“受伤的丰田车辆展示拍卖活动”，把隐约可见的车壳面上的刮痕用粘布贴着，车子的伤痕一揭即明。

对此举动，客户惊叹不已：因如此细微的刮痕而半价出售，真是惜誉如金！丰田公司的这种做法不但没有吓跑顾客，反倒使顾客觉得他们对消费者负责。自揭其短和展示优点一样，同样具有异曲同工的妙处。

以情感人，营销佳境一位女士到某汽车展销店准备买一辆轿车，营销员热情接待了她。女士说：“今天是我的生日，很想买辆黑白相间的车，但可惜这里没有那一种。”营销员忙说：“对不起，请稍候。”他随即让秘书拿来了一束玫瑰，他捧着花满面笑容地祝这位女士生日快乐。

女士万万没想到，自己信口一句话，竟然得到了这么温馨的祝福。她内心很激动，于是改变了主意，买下了一辆黄色轿车作为回报。玫瑰与轿车并没有内在联系，但说者无心，听者有意，营销员善于抓住顾客心理，以一束玫瑰取悦于顾客，让顾客置身于温馨、和谐、欢乐的氛围中，所以那份难以成交的生意就这样成交了。

反弹琵琶弹得好往往使许多难以解决的问题变得迎刃而解。有一次，美国艾之隆公司董事长布希莱在散步时，偶然看到几个小孩在玩一只丑陋的昆虫，爱不释手，便来了灵感：

眼下玩具商们都在“美”上做文章，市场上的玩具大多都是那种美丽可人的，何不生产一些与传统玩具背道而驰的“丑陋玩具”？于是他组织人力、物力，很快研制生产了一套“丑玩具”，一投放市场求购者众多，就获得了很大的成功。

不卖包装，别出心裁巴黎被称为香水之都，有一家专门出售幻彩粉饼、唇膏的化妆品商店，别出心裁地推出了不卖包装的新招。顾客只需凭初次从这家商店购买的包装盒，就可以来回地重复装填同类的化妆品，不必买一次扔一个空盒，也不用每次都为包装付钱了。重新装填的诱惑使得顾客蜂拥而至，所以，这个商店的生意特别好。

欲取先予也要注意一定的方法，掌握了上面的各种方法，想要完成以小投资换取更大利益的目的就更容易了。

在日本，岛村芳雄在做生意上可谓慧眼独具，他创造出了世界上著名的“原价销售术”。刚开始的时候，他以每条五角的价格从麻绳厂购进大量麻绳，而后再以原价卖给东京一带的工厂。

一年后，岛村“做赔本买卖”的消息传出后，订货单像雪片一样往他飞来。聪明的岛村找到供货方说：“直到现在为止，你们的货我都是原价销售，我一分钱也没赚你们的，如果这样下去，我只有走破产一条道。”

厂方看了岛村开出的货单后，发现果然是按原价出售，便同意每条麻绳降价五分钱。而后岛村又来到客户中间，直言不讳地说：“销给你的麻绳，我是一分钱也未赚，再这样下去，我只能关门拉倒。”

向岛村订货的客户看到岛村的进货单，正如他所说的那样，于是同意每条麻绳加价五分钱。如此经营两年之后，岛村终于成为日本赫赫有名的富商。岛村的精明之处就是他的“原价销售”，“原价销售”的真实用意是“先赔后赚”。

现代社会，有些企业，其中包括相当多的名牌企业，他们的聪明远远不及岛村。有的企业一开始便把利润定得高高的，为了达到预期效果，又是做广告，又是树形象，以期产生品牌效应。结果消费者对这些并没有什么兴趣。上市的商品得不到消费者的认可，那市场有多少卖点可想而知。

常言道：从南京到北京，买的不如卖的精。做生意就是要赚钱，每个人都有这样的心思，但怎样赚钱，里面却有很多的讲究。

向岛村先生那样，居然做了一年多的赔本买卖，这在一般人看来简直有点不可思议。可就是在这“不可思议”的里面，却埋藏着一个很大的商机。

无论是供货方还是需货方，当他们知道了岛村的经营原委后，都会为他的赤诚所感动，后来他即使在价格上做点“手脚”，对此，人们也是能够接受的，总不能老看着他做赔本的买卖。

岛村先生先把利润让给人家，自己苦苦经营，这样诚心谁不受感动？岛村先生的这种“先赔后赚”，说穿了就是“欲取先予”，是一种工于心计的智慧经营。他的这一销售理念已成为世界上许多商家推崇的目标。

管理智慧

管理者要认真研究一下“先赔后赚”的经营之道，少些利欲熏心，多些“让利于人”，如此做来，一定能把市场激活，从而使自己的经济和社会收益变得更可观。

五、智慧管理就是有效决策

智慧的决策思维："谋事在人，成事在天"，决策之难有时难于上青天。因此，决策者必须要有更多的手腕才能做出正确的抉择，科学细致的思考会让你事半功倍，马到成功。坚决的执行力以及灵活的应变力。决策者只有提高了这些基本的能力和素质，才能使自己成为强大的市场竞争者，成为优秀的领导者。

1. 没有预测就没有决策自由

1990 年 8 月 25 日，一个闷热的晚上，长虹集团总裁倪润峰正在家中看电视。

他在看新闻，当海湾战争打响的消息出现时，他立即拨通了物资计划采购处处长家的电话：

“新闻你看了吗？”他问道。

“正在看，海湾战争打响了。”对方回答道。

“海湾战争会导致塑料价格上涨，快从国际市场购进高机冲塑料。”倪润峰说道。

遵照倪润峰的指示，采购处紧急购进压制彩电机壳用的塑料 1661 吨。不久，国际市场的塑料价格果然迅速上涨，长虹因此节约开支 200 万元。

作为一位杰出的管理者，不仅要具备优秀的管理才能，而且还应当具备独到的市场眼光，以及敏锐的市场洞察力。

信息的价值与时间分不开，及时地把握市场信息，并从中挖掘有价值的东西，那么你得到的将是无本万利的财富。

事后控制不如事中控制，事中控制不如事前控制，可惜大多数的事业经营者均未能体会到这一点，等到错误的决策造成了重大的损失才寻求弥补。弥补得好，当然是声名鹊起，但更多的时候是亡羊补牢，为时已晚。

对企业高级领导来说，最重要的才能莫过于能做出正确的判断，而这种特殊才能将是电脑永远无法取代的。

当今是科学技术迅速发展的年代，也是信息“爆炸”的年代。据统计，世界各地每天约有上百亿信息单元的信息量在全球各地传递。

这些信息在当今世界，被称之为第四类战略资源，它与自然资源、财物资源、人力资源，统称现代社会发展的四大资源。这四大资源被大量使用，构成当代世界各国经济社会发展战略计划的基础。

不论哪类国家和地区，若要迅速发展经济，获取综合最优化社会经济效益，必须对这四类战略资源进行系统综合的开发，如偏废哪类，都会给整个社会长远发展带来严重的制约和影响。

在瞬息万变的市场大潮中，面对诸多的信息，你怎样利用？只有预测。一个成功的企业家能从繁复的信息中预测出未来市场的走向，并马上将其转化为决策的行动。没有预测活动，就没有决策的自由。

李嘉诚先生就是因为善于预测，才成就了自己现在的事业的。

20 世纪 50 年代中期，李嘉诚创办了“长江塑胶厂”来生产塑料玩具。结果由于玩具市场饱和，工厂面临倒闭。也是一次偶然的机会，他翻阅到一份报纸，发现一则信息，说的是当地一家小塑料厂将制作塑料花向欧洲销售。

李嘉诚眼前一亮，马上想到了二战以来，欧美生活水平虽有所提高，在经济上却还没有实力种植草皮和鲜花，因此，在一段时期里面，塑料花必将被大量使用，成为他们用于各种装饰场合的必需品。

有需求就有市场。李嘉诚认为这是一个难得的机会，于是马上决定企业转产生产塑料花。正是靠着这些塑料花，几年后的李嘉诚成为香港大富翁之一。

同样，林炯灿能在香港建立食米王国，也与他超凡的预测能力相关联。林炯灿很早就经营着自己的米店，但由于竞争激烈，效益总是不好。林炯灿日思夜想，想要改变这种状况。

后来他从渐渐开始流行的小家庭的社会现实中看到了商机：从前流行大家庭，一家七八口，甚至三代同堂。所以顾客会一次购买好几袋米储存。自从小家庭制度流行之后，市民已无意一次购买太多食米。

可是，食米包装仍沿用传统的大麻包法，显然食米包装追不上社会转变。于是他预测到：小包装的大米将会受到顾客的欢迎，想到就做。林炯灿于是先行改良了食米的包装，推出了“小包米”，用胶袋包装，摆放在超级市场售卖，结果大受欢迎，不久其他米商就开始纷纷仿效。

正是通过这一招，使林炯灿的米店取得了在食米行业中不可取代的地位。

精明的预测能为企业的发展决策提供自由的空间，使信息产生价值，转变成赚钱的机会。一个企业要发展，要提高经济效益，就必须了解国内外经济态势，熟悉市场要求和摸清与生产流通有关的各个环节。这就需要广泛、及时、准确地掌握有利于企业发展的各种信息，这样才能综观全局，预见未来，运筹帷幄，立于不败之地。

管理智慧

一个成功的企业家能从繁复的信息中预测出未来市场的走向，并马上将其转化为决策的行动。没有预测活动，就没有决策的自由。

2. 认清问题解决才会得心应手

谁都会遇到难题，人如此，企业也是如此。在瞬间万变的环境下，怎样才能最有效地解决难题，并没有一个固定的规律。但是，成功并不是没有程序可循的。

遇到难题，不管你要怎样解决它，成功的前提是看清难题的关键在哪里。找到了问题的关键，也就找到了解决问题的方法，剩下的就是如何来具体实行了。

一个纸品经营商在一个经常遭受水灾的地区做生意。因为纸重，又不方便在楼上堆货，只好把它们都放在一楼。

问题就这么出现了，每次下大雨，这个商人都很担心，盯着门外的积水看，唯恐大水淹了自己的纸。

一次，这个城市下了一场空前的大雨，河水泛滥，门前一下子变成条小河，转眼间水就漫过了门槛，这个商人连堵截的沙包都来不及堆，店里的货就已经泡了汤。

所有的人都出动了，试着把损失降到最低。但是，纸吸水，从下往上，一层渗一层，而且外面的水，还不断地往店里灌。

大家正不知所措，却见纸商一个人，冒着雨出去了。大家以为他去搬救兵，几个小时过后，纸商却一个人回来了，这时店里所有的纸都湿透了，成为废品。

纸商收拾完残局，就搬到一个旧公寓的一楼。他依旧做纸张的批发生意，而且一下子进了比以前多两三倍的货。

过了一段时间，这个地区又遭受了水灾，而且比上次更严重，很多人不得不爬上屋顶躲避泛滥的洪水。

纸商站在店门口，看着整条街的大水，只有他店面的这一段地方，居然一点事都没有。

他一下子赚了很多钱，因为几乎所有的纸商的纸都泡了汤，人们急着用纸，印刷厂急着补货，出版社急着出书，大家都拿着现款来找他。

有人问他："以前怎么看都看不出这里的地势高，你怎么会知道呢？"

这个纸商笑着说："上次店被水淹，我知道无法挽回，干脆不救了，于是在水里绕全城走了几圈，寻找没有被水淹的地方。于是，我找到了这里。这叫'救不了上次救下次'，亡羊补牢啊！"

在管理中，有的问题出现了一次，就应该立刻找到彻底解决问题的办法。不怕水淹的最好方法就是搬到水淹不到的地方。

我们在企业的管理中如果出现了什么问题，也要充分吸取教训。以后一旦发生类似问题，处理起来就会简单轻松得多。

美国总统林肯，在他上任后不久，有一次将六个幕僚召集在一起开会。林肯提出了一个重要法案，而幕僚们的看法并不统一，于是七个人便热烈地争论起来。

林肯在仔细听取其他六个人的意见后，仍感到自己是正确的。在最后决策的时候，六个幕僚一致反对林肯的意见，但林肯仍固执己见，他说："虽然只有我一个人赞成但我仍要宣布，这个法案通过了。"

表面上看，林肯这种忽视多数人意见的做法似乎过于独断专行。其实，林肯已经仔细地了解了其他六个人的看法并经过深思熟虑，认定自己的方案最为合理。而其他六个人持反对意见，只是一个条件反射，有的人甚至是人云亦云，根本就没有认真考虑过这个方案。

既然如此，自然应该力排众议，坚持己见。因为，所谓讨论，无非就是从各种不同的意见中选择出一个最合理的。既然自己是对的，那还有什么犹豫的呢？

在企业，经常会遇到这种情况：新的意见和想法一经提出，必定会有反对者。其中有对新意见不甚了解的人，也有为反对而反对的人。

在一片反对声中，领导者犹如鹤立鸡群，限于孤立之境。这种时候，领导者不要害怕孤立。对于不了解的人，要怀着热忱，耐心地向他说明道理，使反对者变成赞成者。对于为反对而反对的人，任你怎么说，恐怕他们也不会接受，那么，就干脆不要寄希望于他的赞同。

重要的是你的提议和决策是对的，只要真理在握，就应坚决地贯彻下去。

决断，是不能由多数人来做出的。多数人的意见是要听的；但做出决断的，是一个人。

英国的麦克斯亚郡曾有一个妇女向法院控告，说她丈夫迷恋足球已经到了无以复加、不能容忍的地步，严重影响了他们的夫妻关系。她要求生产足球的厂商——宇宙足球厂赔偿她精神损失费 10 万英镑。

在我们看来，这一指控毫无道理。但在结果宣判之前，种种迹象表明，这位妇女的要求得到了大多数陪审团成员的支持。想到马上就要支付巨额的赔偿费，宇宙足球厂的老板很是忧虑。

这时，宇宙足球厂的公关顾问认为，对公司来说，问题的关键就是这位妇女的控告让公司损失了大笔的钱，要是能通过这次控告重新赚回损失的钱，问题就迎刃而解了。

于是，他向公司建议：与其在法庭上与陪审团进行无谓的陈述，还不如利用这一离谱的案例，为公司大造声势，向人们证明宇宙厂生产的足球魅力之大。于是，他们与各媒体进行了沟通，让他们对这场官司进行大肆渲染。

果然，这场官司经传媒的不断轰炸后，宇宙足球厂名声大振，产品销量一下子就翻了四倍。与损失 10 万英镑比起来，宇宙足球厂算是因小祸而得了大福。

20 世纪 80 年代初期，美国大陆航空公司从得克萨斯州到纽约市的机票价格一度降到了 49 美元。此后的 10 年，公司的业绩连连下滑，年年亏损。到 1995 年时，公司有 18% 的飞行都是负债经营的。大陆航空想了很多挽回的办法，但都失败了。

为扭转这种不利局面，公司新任总裁戈登果断地停飞了这些负债飞行的航线。为找到解决的办法，他仔细分析了问题的症结在哪里。

戈登想到，出售最低价格的机票这一下策并不能使大陆航空的现状发生转变，更无法使大陆航空成为出类拔萃的航空公司。

事实上，这样做的结果是适得其反，人们根本不想买大陆航空提供的产品。因为大陆航空虽然想以增加座位的方式和每天无数次地奔波往返于城市之间的方法，来保持机票的低价格出售。但事实证明，这些城市其实并没有这么大的需要。如此，大陆航空就只可能亏损。

了解到这些，戈登迅速把飞行航线改为人们想去的地方。过去大陆航空通常每天有 6 次航班往返于格林斯伯勒、北卡罗来纳、格林费尔和南卡罗来纳之间。这些城市并不需要往返数次的班机，然而大陆航空却频繁地飞向那里。戈登于是立刻砍掉了几次班机，为公司节省了大笔不必要的成本。

戈登还看到，在格林斯伯勒至格林费尔之间的航线中，大陆航空虽然占有90%的市场份额，但却仍然亏损。经过调查，戈登发现大陆航空公司从罗利飞往堪萨斯城或奥兰多或辛辛那提的航班极不合理，乘客想要去别的重要城市很不方便。

但是，要是开拓了飞往纽瓦克的市场的话，大陆航空公司所占的市场份额就足以支持公司开通飞往克利夫兰和休斯顿的航线，而这条航线对乘客来说最方便，当然就会受欢迎。想清楚了这些，戈登立即行动，减少了一些并不合理的航线，开拓了一些有连锁效应的新航线。

后来的事实证明，这样大陆航空的班次虽然减少了，但赚的钱却大大增加，而且即使将价格适当调高，也并不影响公司的盈利。

通过戈登一系列的提出问题、分析问题、解决问题的过程，大陆航空很快扭亏为盈，成为一家颇有竞争力的航空公司。

管理智慧

要想解决问题，必须清楚问题出在哪里。看到了问题的症结所在，也就找到了解决问题的办法了。所以，遇到问题后首要的就是要分析问题，只有这样，在解决起问题来才会得心应手，事半功倍。

3. 管理的成功就是决策的成功

没有好的管理，就没有好的效益。对于一个公司，在运作过程中，不论其大小，都必须把管理放在首位，没有严格的管理和严密的制度，没有完善的游戏规则，就没有正常的企业运作，因此，完善而有效的管理体制是必不可少的。

同时，管理制度制定之后，还要有监督保证其运行作为一个高层的管理者，本身必须具备良好的综合素质。管理的目的是想让被管理者达到最佳状态，在此之前，管理者首先就要具备这种状态。

约翰·里德是花旗银行的董事长，他被金融界公认为管理能手。花旗银行在他的有效管理下，创造了前所未有的经济奇迹。

在里德的决策之下，花旗银行决定拿出 30 亿美元增加储备，用作向第三世界贷款的准备金。这一举动震撼了美国银行界，一个月之内，50 家因贷款而亏损的大银行也纷纷仿效花旗银行的做法。

里德做出决策之前，曾与美国财政部和联邦储备委员会商讨过，他们担心里德的举动会带来不利影响。但里德不顾这些，他说："我了解那里的多数上层人，我能同他们促膝交谈，我知道我该怎么做。"

这样，里德按照自己的决策去做，顶住了各种非议。

里德原是一位科学家，1965 年，他从麻省理工学院到花旗银行开始了新工作。

威斯顿董事长在他上班不久就召见了他，对他说："我们需要一个最好的财务系统和预算系统，你去设计吧，干出来后再回来。"

里德接受了这个艰巨的任务，凭着他广博的知识，再加上刻苦钻研，他把任务完成得非常漂亮。

后来威斯顿说："18年后，我离开花旗银行时，我们仍在使用里德设计的系统的变型。"

1970年，花旗银行内部出现亏损，当时的高层领导都感到为难，里德自告奋勇，表示可以改变这种局面。他上任后，对内部进行了治理整顿，重组了后勤部；文书工作拖延期为两周，改组后缩短为两天。

接着，对客户银行业务工作进行了大刀阔斧的调整，把花旗银行改成了当时世界上第一家大规模使用计算机、传呼机的银行，业务从此兴盛起来。

20世纪70年代，信用卡刚刚问世，花旗银行在里德的倡导下，率先启动了信用卡，扩大了业务范围，使花旗银行独领风骚。

决策是一个单位或公司能否持续发展的最为关键的一步，也是一个人能否成功的关键，无论你作为一个领导者还是一个普通人，你的人生道路都离不开决策。

决策有时候往往影响你的一生，要么成就你的一生，要么毁灭你的一生。一件事情做不做，什么时候做，该怎么做，你都要果断地做出决策，决策晚了，机会就没有了，决策错了，则全盘皆输。

所以，如果你要想做一个成功的人，尤其是一个成功的领导者，就应该时刻注意培养自己的决策能力。

决策有错误的决策和正确的决策，错误的决策我们当然要排斥，正确的决策我们要坚持。正确的决策主要来自对市场、环境、竞争对手等各方面的综合认识。

只有对诸多情况有真实的、准确的、及时的和全面的了解，对可能发生的事情有较准确的预测并了解其可能对自己产生的影响，才可能进一步分析面临的形势，研究解决的对策和方法，谋划如何发挥自己的长项，才能在激烈的竞争中持续稳定的发展。

成功的经营取决于正确的决策，决策在经营中具有极端的重要性。一个单位的经营决定性的环节是决策，美国著名的管理学家西蒙就曾经提出“管理就是决策”的著名论点。中国历史上有名的决策“隆中对”，就是刘备三顾茅庐，请诸葛亮出山为刘备所做的决策。

有这样一则寓言：

场院上，一头毛驴要吃草，毛驴左右两边各放一堆青草，岂料，毛驴犯了难，先吃哪一堆呢？毛驴在犹豫不决中饿死了。

笑后思量，只要自己认为对的事情，不可优柔寡断，必须付诸行动。

有的人总喜欢在做一件事前，再三权衡利弊，举棋不定，结果待到想好了的时候，机会已经丢掉了。正所谓留得青山在，也怕没柴烧，青山常在，柴却不等人。在我们的生活中，有很多时候，我们并没有时间和机会去抉择。

把手头的机会抓住，这是至关重要的，因为靠近你的机会就是最重要和最迫切的。花谢了，有再开的时候；燕子去了，有再来的时候；柳条枯了，有再绿的时候。可时机错失了，就可能永远失之交臂。

因为过去的时机已经不复存在，而未来的时机只是一步一步才逼近你，没有到来之前，你纵使绞尽脑汁也是徒劳枉然。最幸福的不是得不到或已失去的，而是现在能把握的。把手头的机会抓住了，你就把一切的机会抓住了。

在人生的求索中，我们只能走好自己的路，世上有太多的事会让我们分心，虽然如此，但万事万物，人才是主宰者，抉择权也在自己，我们只有简单一点，决断一点，走好自己的路，才能拥有真正意义上的成功。

还有一种情况就是人生往往有太多的抉择而最终变得毫无选择。机会来去匆匆，瞬息即逝，犹如划过天际的流星，只有那么的一瞬间。昨天已经过去，历史无须嗟叹，明天尚未到来，未来仍属幻想，最珍贵的是今天，也就是现在。回眸过去，展望未来，抉择就在于现在！

人生如同一部雄浑的交响曲，失败常常是人生乐章的序曲。那些在人生旅途上不畏失败的人，才有希望真正尝到成功的滋味。因为失败固然不是成功，但一个人在接受失败的时候，也完成了自身灵魂的拓展与升华，这本身就是一种成功。

在失败和成功的关口一定要审慎地抉择，所谓当断不断，必留后患。失败的时候如果不能正确地做出判断，不能抉择是在失败中沉溺下去还是在哪里跌倒从哪里站起来，将影响和决定着人生的命运和未来的趋向。

企业必须果断地抓住时机，确定新的行进方向，集中所有资源不遗余力地向新方向进发，这是一位优秀决策者应有的前瞻性能力。

“看清了再做”越来越成为一种理想状态，而不会在现实决策中出现，因为当你看得非常清楚的时候，所有的竞争对手都可能看得很清楚了，那么这个战略方向就不可能孕育着“大赢”的机会了。因此，大致看清楚一个方向的时候，企业就必须全力进取，才能够有所突破。

实际上，在没有全力进入新方向之前，没有人可以准确地看清前行的道路，为了抓住机会，企业必须做出果断的决策。有时候，企业甚至需要进行一场“豪赌”，这是企业最高决策者必须承担的一项责任。

在这个过程中，最怕的是“浅尝辄止，四面出击”。“浅尝辄止”，很可能在快要挖到井水的时候放弃，而并不能探索出真正的道路来。“四面出击”，只会分散有限的精力和资源，而不可能找到未来的增长点。

大赌有赢也有输，这是必然的现象。但如果长时间犹豫不决，代价可能更大。格鲁夫在回忆英特尔转型时谈道：“路径选错了，你就会死亡。但是大多数公司的死亡，并不是由于选错路径，而是由于三心二意，在优柔寡断的决策过程中浪费了宝贵的资源，断送了自己的前途。所以最危险的莫过于原地不动。”

选择可能是错的，但是不选择的代价可能更高。严重地说，后者无异于一种慢性自杀。随着竞争的损耗，企业的资源越耗越薄，选择的空间越来越少，看起来选择多元化的企业像是保留了“东方不亮西方亮”的权力，但实际上丧失的是在任何一点获得突破的可能性。

有这么一则现代管理寓言，说有一企业家，随着事业发展，手下人手日增，人多嘴杂主意多，逢事必争个不分高下。企业家不知听谁的好，根本无法形成决策，企业运行陷入瘫痪。企业家怀疑自己无能，不敢见人，整日闭门看报学经。

这日，见报上介绍一个新产品，名曰“决策机”，立即买来一台，并严格按照使用说明进行操作。这一来，凡有需决策之事，他进小黑屋叮叮当当按几下机器，便回身答复“行”或“不行”。手下人不明就里，直夸老板变得果断英明。

一日，企业庆功，企业家酒后吐真言，英明者乃“决策机”也。手下大喜，既如此，我们何不把这个英明的钢铁家伙拆开来研究透了，仿制了来卖？说干就干，切割机开始工作，切开一层又一层，厚厚的彩色钢板终于被切开，核心部件露出真面目——硬币一枚，一面写着YES(行)，另一面写着NO(不行)。

其实，这种布里丹之驴困境在管理企业中也是经常存在的。如果一个管理者在面临两难选择时，举棋不定或者不知所措，那么最终结果可能是：轻者企业错失发展机会，重者企业关门停业。

因此，一个管理者能否成功，很大程度上就取决于能否在两难选择的困境中，做出及时正确的选择。

管理智慧

企业管理是企业发展的生命线。企业管理取决于企业领导人的才能和智慧，即正确的决策。事实提醒我们，企业领导者自己必须是人才，才能够充分运用管理的智慧和能力做出正确的决策。

4. 能把握市场是优秀的领导者

要在变幻莫测的市场竞争中立于不败之地，你就必须准确快速地获悉各种情报：市场有什么新动向？竞争对手有什么新举措……在获得了这些情报后，果敢迅速地采取行动，这样你不成功都难。

宋代沈括所著《梦溪笔谈权智》中，讲了这样一个故事：北宋名将曹玮有一次率军与吐蕃军队作战，初战告胜，敌军溃逃。曹玮故意命令士兵驱赶着缴获的一大群牛羊往回走。

牛羊走得很慢，落在了大部队后面。有人向曹玮建议，“牛羊用处不大，又会影响行军速度，不如将它们扔下，我们能安全、迅速赶回营地。”曹玮不接受这一建议，也不作任何解释，只是不断派人去侦察吐蕃军队的动静。吐蕃军队狼狈逃窜了几十里，听探子报告说，曹玮舍不得扔下牛羊，致使部队乱哄哄地不成队形，便掉头赶回来，准备袭击曹玮的部队。

曹玮得到这一情报，便让队伍走得更慢，到达一个有利地形时，便整顿人马，列阵迎敌。当吐蕃军队赶到时，曹玮派人传话给对方统帅：“你们远道赶来，一定很累吧。我们不想趁别人劳累时占便宜，请你让兵马好好休息，过一会儿再决战。”

吐蕃将士正苦于跑得太累，很乐意地接受了曹玮的建议。等吐蕃军队歇了一会儿，曹玮又派人对其统帅说，“现在你们休息得差不多了吧？可以上阵打一仗啦！”于是双方列队开战，只一个回合，就把吐蕃军队打得大败。

这时曹玮才告诉部下：“我扔下牛羊，吐蕃军队就不会杀回马枪而消耗体力，这一去一来的，毕竟有百里之遥啊！我如下令与远道杀来的吐蕃军队立刻交战，他们会挟奔袭而来的一股锐气拼死一战，双方胜负难定；只有让他们在长途行军疲劳后稍微休息，腿脚麻痹、锐气尽失后再开战，才能一举将其消灭。”

一个优秀的领导人一定有一套好办法去判定市场上自己与竞争对手的优劣形势。如果自己处于优势，怎么都能将对手挤出竞争领域当然是最好不过的了，关键是很多时候是胜负难料的，你对击败竞争对手根本没有什么把握，市场也看不出来对自己的公司多么有利，怎么办？

最重要的一件工作就是收集竞争对手的商业情报，这对你做出明确的判断非常重要。为了保持自己在世界贸易中的优势，美国政府甚至不惜代价派出 FBI 到各国作间谍收集别国的商业情报。

当所需资料都收集好了，市场却没有出现自己期望的发展态势怎么办？那就要做出假象来迷惑敌人，让他朝着自己希望的方向去行动。

会把握市场的领导者是优秀的领导者，但能够创造市场机会的领导者更是杰出的人才！敌强时，不急于攻取，须以恭维的言辞和丰厚之礼示弱，使其骄傲，待暴露缺点，有机可乘时再击破它。

日本尼西奇公司原是一家生产雨伞的小企业。一次偶然的机会，董事长多博川看到了一份最近的人口普查报告。从人口普查资料获悉，日本每年有 250 万婴儿出生，他立即意识到尿布这个小商品有着巨大的潜在市场，按每个婴儿每年最低消费 2 条计算，一年就是 500 万条，再加上广阔的国际市场，潜力是巨大的。

于是立即决定转产被大企业不屑一顾的尿布，结果畅销全国，走俏世界。如今该公司的尿布销量已占世界的 1/3，多博川本人也因此成为享誉世界的“尿布大王”。

多博川从一份人口普查报告中看到了巨大的商机，从而取得了巨大的成功，这得益于他对市场的敏锐观察力和及时出击的战略。获取情报重要，快速对情报做出反应更重要，这就要求商家要善于根据新情况、新问题，及时调整原来的思路和方案，采取相应的对策，做到市场变我也变。

1988 年春季，全国钟表订货会在山东济南召开。订货会开了两天，商家只是看货问价，就是不订货。然而，第三天一大早，所有上海表突然降 30% 以上，有的品种竟降到了一半。

各厂大员们措手不及，纷纷打电话回厂请示，又是开会研究，又是报告请示，待决定降价时，已过去了好几天。晚了，上海人早把生意给做完了。

凭借自己对订货商家只看不买的游移态度，上海表厂马上想出了以降价应对的策略，并快速付诸实施，最终实现了钟表订货会的一枝独秀。其他厂家由于反应迟钝，就只有事后反悔的份了。

1984 年洛杉矶奥运会开幕前夕，广东“健力宝”的决策者们感觉到这是一个重大的促销机会。通过种种努力，“健力宝”被中国体育代表团作为首选饮料进军奥运会。中国健儿首次在奥运会上取得的辉煌成绩，也为 " 健力宝 " 赢得了一块“金牌”。

日本《朝日新闻》首先刊出了题为《中国靠“魔水”加快出击》的奥运专电。随后，华文《纽约日报》《联合早报》等世界级报刊先后刊载盛誉文章。“健力宝”被誉为“东方魔水”而名声大噪。

世界各地的华商纷纷前来订货，希望为祖国的名牌产品走向海外助一臂之力。健力宝及时抓住了机会，巧妙运用，从而获得了很大成功。

与他们相比，许多管理者在市场发生变化，面临新的商机时（这是对商家最重要的情报），要么反应迟钝，错失良机；要么墨守成规，不屑一顾，把一次次成功的机会让给了别人。因此，要切记随机应变，把握住每次机会，幸运之神就会降临到你的身上。

在与竞争对手的征战中，情报尤其重要。孙子云：知己知彼，百战不殆。如果自己处于优势，怎么都能将对手挤出竞争领域，这当然是最好不过的了。关键是很多时候都是胜负难料的，在对击败竞争对手根本没有什么把握，市场也看不出来对自己的公司多么有利时，怎么办？精工舍钟表公司为我们提供了一个绝妙的案例。

20 世纪 60 年代以前，历届奥运会的计时器供应权都被瑞士名表行欧米茄公司垄断。1960 年，国际奥委会将 1964 年奥运会的主办权交给了日本。日本精工舍钟表公司看到了这是一个对欧米茄发动攻势的机会，于是要借机对其发起进攻。

为深入了解自己的对手，精工舍派出了一只高素质的“间谍”队伍对欧米茄的计时器进行了侦察。他们发现，欧米茄公司的计时器都是机械表式的，误差较大。要想战胜欧米茄，就必须在减少计时器的误差上下功夫。精工舍对症下药，组织了大批研发人员开发一种误差更小的计时器。

终于，不久以后，一部具有世界先进水平的 951 Ⅱ石英表研制出来了。这种计时器每天的运行误差只有 0.2 秒，而欧米茄的计时器误差则在 30 秒以上；与当时类似于小卡车大小的计时器比较起来，951 Ⅱ石英表只有 3 千克，已经够轻巧了。

951 Ⅱ石英表的这些优势很快赢得了国际奥委会官员的认同，不久，他们就做出了将 1964 年计时器供应权交给精工舍的决定。精工舍终于取得了在计时器上对欧米茄的竞争成功。

精工舍的成功得益于自己对竞争对手的全面了解以及针对其弱点进行战略突破的策略。它的成功，给我们以不小的启示。

管理智慧

会把握市场的领导者是优秀的领导者，但能够创造市场机会的领导者更是杰出的人才！敌强时，不急于攻取，须以恭维的言辞和丰厚之礼示弱，使其骄傲，待暴露缺点，有机可乘时再击破它。

5. 危机意识是企业活力的源泉

“居安思危”一直是中国人常用来告诫从政者的最常用的一个词，出自《左传》。

春秋时期，有一次，宋、齐、晋、卫等十二国联合出兵攻打郑国。郑国国君慌了，急忙向十二国中最大的晋国求和，得到了晋国的同意，其余十一国也就停止了进攻。

郑国为了表示感谢，给晋国送去了大批礼物，其中有：著名乐师三人、配齐甲兵的成套兵车共一百辆、歌女十六人，还有许多钟磬之类的乐器。

晋国的国君晋悼公见了这么多的礼物，非常高兴，将八个歌女分赠给他的功臣魏绛，说：“你这几年为我出谋划策，事情办得都很顺利，我们好比奏乐一样的和谐合拍，真是太好了。现在让咱俩一同来享受吧！”

可是，魏绛谢绝了晋悼公的分赠，并且劝告晋悼公说：“咱们国家的事情之所以办得顺利，首先应归功于您的才能，其次是靠同僚们齐心协力，我个人有什么贡献可言呢？但愿您在享受安乐的同时，能想到国家还有许多事情要办，我们一定要居安思危，思则有备，有备无患。”

魏绛这番远见卓识而又语重心长的话，使晋悼公听了很受感动，高兴地接受了魏绛的意见，从此对他更加敬重。

从这个故事中我们可以看到，居安思危和忧患意识自古以来就是我们国家一条很重要的政治经验。儒家代表人物之一的孟子的“生于忧患，死于安乐”，说的也是这种忧患意识。

纵观中国历史，居安思危的皇帝，一定是比较有作为的皇帝，在居安思危的管理者统治的朝代也一定是比较昌盛的，反之则衰、则败、则亡。

翻开历史长卷，这样的例子不胜枚举。国家如此，企业更是如此，在现代企业管理方面，企业也一定要有忧患意识。因为无论企业处于什么发展阶段都要对未来可能遇到的风险做出预警方案，“居安思危，思则有备，有备无患”对于企业来说也有深刻的哲学意义。

在管理学中有一个很知名的管理故事，叫作“青蛙效应”，“青蛙效应”源自十九世纪末，美国康奈尔大学曾进行过一次著名的“青蛙试验”：

他们将一只青蛙放在煮沸的大锅里，青蛙触电般地立即窜了出去。后来，人们又把它放在一个装满凉水的大锅里，任其自由游动。

然后用小火慢慢加热，青蛙虽然可以感觉到外界温度的变化，却因惰性而没有立即往外跳，直到到后来热度难忍而失去逃生能力而被煮熟。

科学家经过分析认为，这只青蛙第一次之所以能“逃离险境”，是因为它受到了沸水的剧烈刺激，于是便使出全部的力量跳了出来，第二次由于没有明显感觉到刺激。

因此，这只青蛙便失去了警惕，没有了危机意识，它觉得这一温度正适合，然而当它感觉到危机时，已经没有能力从水里逃出来了。

“青蛙效应”告诉我们，企业竞争环境的改变大多是渐热式的，如果管理者与员工对环境之变化没有疼痛的感觉，最后就会像这只青蛙一样，被煮熟。

同样，一个企业如果只满足于眼前的既得利益，一味地沉溺于过去的胜利和现在的繁荣之中，而没有忧患意识，对危机的逐渐形成麻木不仁，最后肯定会像青蛙一般在安逸中死去。

柯达公司的破产就是一个很好的例子。在胶片年代，柯达公司达到了最鼎盛的发展期，全世界各个地方几乎都有柯达洗印店，可是就因为公司的决策层对未来没有前瞻性的思考，没有忧患意识，认为数码时代离我们很远，没有对企业进行变革和创新，结果一个昔日的商业帝国在瞬间就倒掉了。

在国内，很多企业也渐渐认识到了危机管理的重要性，开始在实践中推行这种管理方式。江苏无锡小天鹅集团就是一个很成功的危机管理的例子。

被同行业称为“大哥大”的小天鹅全自动洗衣机，全国市场占有率已达 42.2%，销量在全国连续多年保持了第一，并成为国内洗衣机行业首家跨进亿元利润的企业。

然而，这个行业的“排头兵”却在大好形势下，充满了危机感，采取令人警醒的“末日管理法”来鞭策自身不断进取，向世界高水准冲击。

集团董事长朱德坤对员工有一个很有意思的要求：要唱好两首歌。一首是《中华人民共和国国歌》，一首是《国际歌》。他强调，小天鹅的处境就像国歌里唱的那样“到了最危险的时候”，不愿工厂破产的人们，请跟我一起拯救小天鹅。

唱《国际歌》就是要大家明白“世上没有救世主”“全靠自己救自己”的道理。朱德坤认为，一个没有忧患意识与危机感的企业，是没有希望的企业，所以要求员工们天天唱这两首歌，唱出信心，唱出志气，唱出发展小天鹅的新举措！

小天鹅公司的领导班子非常精干，在他们的领导下，企业效益年年提高。然而，他们每个人的心中，始终充满了危机意识。他们认为，众多企业在市场大潮中都领过风骚，有的青春常在，但有的却昙花一现，其原因在于经营者不仅要有高度的责任感，更要有强烈的危机感。

因为，一种产品的销量愈是接近鼎盛期，也就愈接近衰退期。所以，不管企业取得多大成绩，一定要保持清醒头脑，要时时刻刻与国内、国外同行中的先进企业比。

只要世界上有一个企业排在你的前面，你就是落后的，就必须毫不松懈地追赶对方。这种危机感督促该公司班子全体成员，在班子建设、人才培养、新产品开发等方面做了许多超前性工作。

小天鹅把“末日管理”融入决策、生产、销售、服务等各个环节之中，特别是把高标准的质量管理作为企业“末日管理”的核心环节来抓。

一次，有一批“小天鹅”洗衣机已装上火车准备发往广州，在抽检时，发现有一台洗衣机的排水管有轻微的漏水现象。有的人认为，排水管轻微漏水不算质量问题，换一根排水管就是了。还有的说，干脆把这台撤下来，重新换一台好的就行了。

事情反映到朱德坤那里。他立即赶到现场，要求对600台洗衣机全部开箱检查一遍。最后尽管检查结果只有两台出现类似问题，但全厂员工的质量意识却提高了。市场给予小天鹅的回报是等价的。小天鹅全自动洗衣机不但连连保持了全国销量第一，而且企业与五年前相比，产量和销量双双增加了10倍，效益增加了130倍。

企业最大的危机就是没有“危机意识”，那如何去提高企业的危机意识：

首先，要将“危机意识”纳入到企业文化的核心。让每一个员工都明白“唇亡齿寒”的道理。企业如果不强，个人还谈什么发展。同时，在企业内部要对那些做出一点成绩就骄傲自满的行为给予坚决抵制。

其次，企业要引入公平“竞争机制”，对于能力差的员工要给予坚决换掉，杜绝为了个人感情打感情牌。让每一位员工清楚：今天不努力工作，明天就努力找工作。

昨日的辉煌并不意味着今天的成功，最好的时候可能就是最不好时候的开始 。希望每一位员工将“危机意识”深入心中，让自己能力变得越来越强。

企业要避免“温水煮蛙”现象，首先要求其最高管理层具备危机意识，企业才不致在战略上迷失方向，不经意之间就会滑入危机的泥潭之中。

危机管理并非只是企业最高管理层或某些职能部门，如安全部门、公关部门的事情，而也应成为每个职能部门和每位员工共同面临的课题。

在最高管理层具备危机意识的基础上，企业要善于将这种危机意识向所有的员工灌输，使每位员工都具备居安思危的思想，提高员工对危机发生的警惕性，使危机管理能够落实到每位员工的实际行动中，企业才会做到防微杜渐、临危不乱。

20 世纪 90 年代初，波音公司产量大幅下降，为走出经营低谷，波音公司摄制了一部虚拟的电视新闻片：

在一个天色灰暗的日子，众多的工人们垂头丧气地拖着沉重的脚步，鱼贯而出，离开了工作多年的飞机制造厂。厂房上面挂着一块“厂房出售”的牌子。

扩音器传来：“今天是波音时代的终结，波音飞机公司关闭了最后的一个车间……”画面反复播放。这则企业倒闭的电视新闻使员工们强烈地意识到市场竞争残酷无情，市场经济的大潮随时都会吞噬掉企业，只有不断进取、创新、拼搏，企业才能在经济大潮中乘风破浪，在竞争中立于不败之地。否则，虚幻的模拟倒闭就会成为企业无法避免的事实。

这一充满忧患意识的片子播出后，波音公司的员工们每个人都充满了危机感而变得更加努力工作，企业也不断地创新，员工人人都真切感到“末日即将来临”，以此激发员工的忧患意识和不懈奋斗的精神，终于企业迎来了大发展，以后波音一跃成为世界上最大的飞机制造商。

同样，中国最著名的民营企业之一华为的总裁任正非在华为大发展时期却写出了著名的“华为的冬天”一文，用忧虑的口气来告诫他的员工，华为可能马上要进入冬天，以此来增加企业和员工的忧患意识。

正是任正非的居安思危的管理理念，才使华为度过了一个又一个艰难险阻，成为真正国际化的通信供应商。

一个人、一个企业或一个国家必须居安思危，必须要有忧患意识。往往有些企业在强盛时，许多危机其实早已潜伏在企业日常的经营管理之中，只是由于管理者麻痹大意，缺乏危机意识，对此没有警醒而已。

改革开放以后，许多中国企业发展的很强大，但是在强大中，我们必须要有忧患意识和危机感，如果我们的企业在强大时盲目乐观，丧失超越自己、超越过去的动力，那么就会像温水里的青蛙一样被慢慢烫死。这一点中国企业家一定要引以为戒。

管理智慧

企业经营者和所有员工面对着市场和竞争，都要充满危机感，不要陶醉在一度的"卓越"里。今天的成功并不意味着明天的成功，企业最好的时候往往是没落的开始。

6. 抢先的速度是竞争取胜的关键

先声夺人，正所谓先下手为强。抢先战略，又称市场先导者战略，它是企业实行抢先占领市场的战略，企业总是将其注意力集中于行业的制高点，凶猛地比竞争对手抢先一步占领市场。成功的抢先战略对于竞争对手来说具有不可模仿性和不可抗拒性。

作为市场战略，时间对于资金、生产效率、产品质量、创新观念等，更具有紧迫性和实效性。抢先战略是赢得市场竞争胜利的重要条件。

实践早已证明，在其他因素相同或基本相同的情况下，谁先抢占商机，谁就会取得最后的胜利，抢先的速度已成为竞争取胜的关键。闪电般的行动必然会战胜动作迟缓的对手，使对手在没有硝烟的战场上败下阵来。

抢先战略贵在争与抢。诺曼底战役结束后，美国大批高级军官脱下军装，说“我们得去打另一种仗。”他们由军界转入企业，并进入决策层。而在战争中形成的战略思维特点也随之移植于经济活动之中，与企业发展需要相融合，从而萌发了企业战略思想。

军队从事战争，企业从事竞争，两者虽然本质不同，但都有一个“争”字。企业既然要参与竞争，就要在竞争中讲究方略，企业竞争的方略就是企业战略。

五六十年代美国企业战略尚处启蒙阶段，七八十年代进入战略管理阶段。许多大企业引入战略管理而获得了巨大成功，如微软、可口可乐等。

抚顺市的一家刺乡厂曾经接到了一条信息：生产一种装有中草药的防虫防蚀的绣花荷包，大有市场。但该厂却踌躇再三，犹豫不决。

山东长岛的蒙利绣厂闻讯后，连夜拍板，立即开工，日夜赶制。不久，广州的一家贸易公司闻风而动，急促前去订货。不久，一外商前来与广州贸易公司交易，有多少要多少。这时，抚顺那刺绣厂后悔莫及。

在 2001 年的电脑市场上，出尽风头得当属 TCL 电脑公司。他们推出的目前最低价位的 P4 电脑，赢得了市场足够的注意，同时也为集团公司的品牌形象增色不少。

TCL 电脑公司的成功，就在于它抢先一不进入了 P4 市场，2000 年六月，他们就开始筹备，11 月，正式开始实施被称为 P4 阳谋的市场推广活动，抢在国内大型电脑厂商前面，率先进入了家庭数码化时代。这就是抢先的成果。

石油大王哈默的第一桶金也是通过抢夺先机得到的。

1931 年，哈默从前苏联回到美国。当时，富兰克林 · 罗斯福即将登上美国总统的宝座。哈默通过深入研究，认定一旦罗斯福得势，1920 年公布的禁酒令就会被废除。

哈默进而想到：为了解决全国对酒的需求，肯定需要相当数量的酒桶，特别需要经过处理的白橡木制成的酒桶，而当时市场上却没有。他在前苏联生活了很多年，知道那里有白橡木出口。

于是，他又去前苏联，凭着他的老关系，订购了几船白橡木板运到美国，他还在纽约码头附近设立了一间临时的酒桶加工厂，作为应急的储备。

后来，他又在新泽西州建造了一个现代化的酒桶加工厂，取名哈默酒桶厂。当哈默做这些事时，“禁酒令”尚未解除，当哈默的酒桶源源不断地从生产线上滚出来时，禁酒令被解除了。人们对威士忌的需求急剧上升，各酒厂的生产量随之直线上升，但成问题的是需要大批酒桶。

此时，哈默早已给酒厂准备好了大量酒桶。于是哈默的酒桶被那些最大的威士忌、啤酒厂用高价抢购一空，哈默抢夺先机赚到了成功的第一桶金。

富商李嘉诚也是运用抢先战略的高手。李嘉诚抢先进军房产，从1980年到1997年，香港限制供给新建筑用地的政策，致使房地产价格一路飙升，李嘉诚富上加富。

李嘉诚在港口和集装箱业务方面也同样抢先，结果大获成功，直接带动香港成为国际贸易枢纽。这十几年中，香港经济在通向繁荣的道路上也是快马加鞭。

1997年，金融风暴肆虐东南亚，其他商界大亨损失惨重，李嘉诚抢先一步与美元挂钩，依然能够巍然不倒，傲视金融危机。每一个曾跟李嘉诚共过事的人都对他敏锐的市场嗅觉和把握机遇的抢先战略佩服得五体投地。

如今市场竞争异常激烈，市场风云瞬息万变，市场信息流的传播速度大大加快。谁能抢先一步获得信息、抢先一步做出应对，谁就能捷足先登，独占商机。因此，在“快者为王”的时代，速度已成为企业的基本生存法则。

企业必须突出一个“快”字，追求以快制慢，努力迅速应对市场变化。市场反应速度决定着企业的命运，只有能够迅速应对市场者，才能成为市场逐鹿的佼佼者。

Modell 体育用品公司的 CEO 默德在一次圆桌会议上重复了钱伯斯的这句话，他对与会的 CEO 们说：想要在以变制胜的竞赛中脱颖而出，速度是关键。正如非洲大草原上的动物们一样，当他们一开始迎着太阳奔跑的时候，狮子知道如果它跑不过速度比它慢的羚羊，它就会饿死。而羚羊也知道，如果自己跑不过速度最快的狮子，它就必然会被吃掉。

加拿大将枫叶旗定为国旗的决议通过的第三天，日本厂商赶制的枫叶小国旗及带有枫叶标志的玩具就出现在加拿大市场，销售火爆。作为“近水楼台”的加拿大厂商则坐失良机。有人曾形容说，美国人第一天宣布某项新发明，第二天投入生产，第三天日本人就把该项发明的产品投入了市场。

众所周知，作为市场战略，时间对于资金、生产效率、产品质量、创新观念等，更具有紧迫性和实效性。因此，“快鱼吃慢鱼”意即“抢先战略”，是赢得市场竞争最后胜利的首要条件。

实践早已证明，在其他因素相同或基本相同的情况下，谁先抢占商机，谁就会取得最后的胜利，抢先的速度已成为竞争取胜的关键。

闪电般的行动必然会战胜动作迟缓的对手，使“慢鱼”在没有硝烟的战场上败下阵来。实施“抢先战略”，意在“先”，贵在“抢”，因为“商机”是短暂的、有限的，是转瞬即逝的。正所谓“机不可失，时不再来”。

在市场上，人们往往将企业间的兼并收购比喻为“ 吃鱼”。有时是“大鱼吃小鱼”，这是指大企业兼并小企业，有时是“小鱼吃大鱼”，通过资本动作等方法实现小企业吞并大企业。

青岛海尔集团的老总张瑞敏认为，在市场经济发达的国家，企业的兼并经过三个阶段：第一个阶段是大鱼吃小鱼，亦即弱肉强食；第二个阶段是“快鱼吃慢鱼”，技术先进的企业吃掉落后的企业；第三个阶段是鲨鱼吃鲨鱼，亦即强强联合。

而在目前的中国，国企之间的兼并却不会出现这三种情况，因为是国有的，企业只要有一口气，就不会被吃，且“小鱼不觉其小，慢鱼不觉其慢，各得其所”。“死鱼”就根本不能吃。这是中国的国情决定的。

张瑞敏认为，既不能吃活鱼，又不能吃死鱼，唯有吃“休克鱼”，也就是处于休克状态的鱼。企业的表面死了，但是肌体还没有坏，企业的管理有严重问题，停滞不前，只是处于休克状态。

张瑞敏所说的“休克鱼”，事实上也就是对带有中国国情的“慢鱼”的更传神称呼。中国市场经济中的“快鱼”海尔，迄今已经进行了近20起兼并案，被收购的这些企业的亏损总额超过5亿元人民币，但是重组之后盘活的资本总额超过15亿元人民币，可以说是吃得其所，吃得其法！

管理智慧

无论是在市场经济的大潮中勇立潮头，还是在工作岗位上争创一流，都要有“不进则退，慢进也是退”的紧迫感，做醒得早、跑得快、干得实的“快鱼”。

7. 市场竞争要有完整的策略

大象可以踩死猴子，但猴子也可以骚扰大象，使大象遭遇挫折。大象体积越大，猴子的胜算就越大。大象如规模庞大的公司；猴子如行动灵活的小公司。

亨德森认为：任何一家公司要想成功，最重要的是在市场上竞争；要竞争，必须有市场分析和一套完整的策略。

哈勒尔公司在1967年时凭借买断的“配方409”清洁喷液的批发权，已占据美国清洁剂5%的市场，几乎50%的清洁喷液市场。

后来，家用产品之王宝洁公司开始眼红。它推出了一个叫“新奇”的清洁喷液。哈勒尔的生意遭遇到大的问题。显然，它不是宝洁的竞争对手。

按照宝洁的习惯做法，它在创造、命名、包装、试销和促销“新奇”这个产品时，郑重其事，声势浩大。在全国展开大笔资金投入的广告攻势。结果在丹佛的试销小组报告：“所向披靡，大获全胜”，因此，宝洁在喜洋洋的气氛下，信心十足。

哈勒尔感到了恐惧：他得到的信息表明他即将被踢出清洁喷液的市场；他要垮掉：他必须冷静下来，设置对抗的策略。

哈勒尔决定采取三步：1. 扰乱对手的视线；2. 打击对手主管人员的信心；3. 限制对手产品在市场上的销售量，因为销量不佳，难以抵补已投入的大量资金而撤出这个“新奇”产品项目。

首先，宝洁在丹佛试销时，哈勒尔从丹佛撤出自己的“配方409”。当时有两种形式可供选择：第一种，全部把自己的产品从货架上搬走；第二种，先中止在丹佛的广告和促销，然后停止供货，渐渐使商店无货可补。

以上两种撤货形式实际分别是哈勒尔第一步“策略”的二种选择。哈勒尔选择了第二种，因为如果选择第一种，很容易让敌人发觉。哈勒尔成功了。宝洁主管人员认为“哈勒尔已不在市场了”。

接着实行第二步。在宝洁“新奇”大面积上市，正准备开展全国范围内的“席卷攻势”时，哈勒尔将“配方409”以原来价格的50%倾销，本来已经飘飘然的宝洁，此时却感到措手不及。

同时实施第三步，哈勒尔用广告来大肆广而告之：“优惠期有限！”结果一般的清洁喷液消费者在很短的时间内几乎购买了可用半年以上的“配方409”清洁喷液。也就是说，宝洁的“新奇”再好，甚至即便也跟进降价，但消费者在半年内也用不着再买此类商品了！

在信心打击下，产品上市就严重滞销，宝洁内部开始认为“新奇”是项“错误的产品”，在议论纷纷中，不得不撤销“新奇”的生产销售计划。

哈勒尔赢得很险。小公司都这样。但它这只精灵的猴子知道大公司的心理：自信，花费大量的开发、销售费用，不密切注意小公司的动静。

它成功地躲开宝洁这只大象的脚步声，然后，迅速打击大象的信心，把这块市场上的草木全吃光，大象看到没有食物，尽管远途跋涉而来，也只能离开这里！

某一天，李蓝公司的销售经理请客户M公司的总经理和采购主管去海滩参加“吃蛤会”——我们就理解为“吃喝会”——那里没有电话，尽量减少外界干扰；频繁劝酒，设法使他们醉醺醺的。

酒过三巡，M 公司的采购主管提出：“你们李蓝公司为什么不给我们较低的价钱呢？”李蓝的经理答道：“如果我们把价格降下来，你们还会找比我们更低的供应商”——言外之意是：我们有降价的余地，也有这个愿望，但我们怕得不到保护，反而还会被遗弃。

M 公司的总经理说：“不，我们绝对不干这种事！”在这种四海之内皆兄弟、“哥俩好”的气氛中，李蓝的经理说：“如果你们确能保证往后一年把所有的生意给我们，我们愿意把价格降低 20%。”

于是，M 公司一口承诺，敲定了这笔生意。李蓝开始以较低的价格供应给 M 公司，而另一家供应商——西屋公司被赶跑了！

西屋公司听到这个风声时，它的销售经理曾气急败坏地找到李蓝的销售经理：“你们破坏了我们之间的价格协议！你们可是口口声声表示要坚决遵守它！”——原来小公司们为了不致被规模庞大的西屋公司打压，曾签订过一个“卡特尔”价格协定，过去李蓝始终抱有“跟贴”的策略。如今感到翅膀硬朗了，出其不意打破了它！

事前，李蓝充分做了研究：1. 卡特尔（意为：联合垄断）本来就是违法的；2. 如果西屋也来降价，与李蓝展开价格战，它就会不得不将其他许多类似的产品的价格也降下来，可这些产品却不是供应给 M 公司的，即便和李蓝一样的产品也不全是供应给 M 公司的——西屋是个大东西，产品种类多，它的决策只能是咽下这个苍蝇，丢掉 M 公司，另寻客户，没有更好的办法。

管理智慧

大象可以踩死猴子，但猴子也可以骚扰大象，使大象遭遇挫折。大象体积越大，猴子的胜算就越大。大象规模庞大的公司；猴子行动灵活的小公司。任何一家公司要想成功，最重要的是在市场上竞争；要竞争，必须有市场分析和一套完整的策略。

8. 商品价格定得越高越畅销

市场营销活动是企业利润实现的最终手段，在市场同质化极强的产品竞争中，营销的成败往往决定了整个企业经营的成败。

从前，有一个孤儿，生活无依无靠，既无田可种，也没钱经商，他十分迷惘和彷徨，四处流浪。一天，他去拜见一位高僧，向他求教："我既无一技之长，又身无分文，我该如何生活啊？"

高僧说："你为什么不去做些别的事情呢？"

"我能做什么呢，我什么都做不了啊！"他无奈地说。

高僧把他带到一处杂草丛生的乱石旁，指着一块石头说："明天早晨，你把它拿到集市去卖。但要记住，无论别人出多少钱要买这块石头，你都不要卖。"

孤儿满腹狐疑，心想这块石头虽然不错，但怎么会有人肯花钱买呢？但是，他还是抱着石头来到集市，在一个不起眼的地方蹲下来叫卖石头。

可是，那毕竟是一块石头啊，根本没有人把它放在眼里。第一天过去了，第二天又过去了，依然无人问津；直到第三天，才有人来询问；第四天，真的有人要买这块石头了；第五天，那块石头已经能卖到一个很好的价钱了。孤儿回到寺庙里，兴奋地向高僧报告："想不到一块石头值那么多钱！"

高僧笑笑说："明天你再把石头拿到黄金市场去，记住，不论别人出多少钱都不能卖。"

孤儿把石头拿到黄金市场去，一天、两天过去了，第三天，又有人围过来问；几天以后，问价的人越来越多，价格也已被抬得高出了黄金的价格，而孤儿依然不卖。但越是这样，人们的好奇心就越大，石头的价格被抬得就越高。

孤儿又去找高僧，高僧说："你再把石头拿到珠宝市场去卖……"

拿到珠宝市场上也出现了同样的情况，到了最后，石头的价格已被炒得比珠宝的价格还要高了。由于孤儿无论如何都不卖，更是被传扬为"稀世珍宝"。

对此，孤儿大惑不解，去请教高僧。

高僧说："世上人与物皆如此，如果你认定自己是块陋石，那么你可能永远只是一块陋石，如果你坚信自己是一块无价的宝石，那么你就是无价的宝石。"

在这个故事中，高僧要告诉孤儿是关于实现人生价值的道理，但是从那个孤儿出售石头的过程中，却反映出一个经济规律：商品越贵越有人买。

生活中，我们经常会遇到这样的情景：款式、皮质差不多的一双皮鞋，在普通的鞋店卖几十元，而在大商场的柜台里却标价好几百元，但却总有人愿意在大商场买；同样款式的手表，标价几万元的比标价几百元的好卖……

这类事少的时候，我们可以把这些购买者当作"冤大头"，但当冤大头前赴后继、比比皆是时，我们就不能等闲视之了，其中必有我们不了解的秘密。

其实，消费者购买这类商品的目的并不仅仅是为了获得直接的物质满足和享受，更大程度上是为了获得心理上的满足。这就出现了一种奇特的经济现象，即一些商品价格定得越高，就越能受到消费者的青睐。

随着社会经济的发展，人们的消费会随着收入的增加，而逐步由追求数量和质量过渡到追求品位格调。这种价值的转换在消费者从数量，质量购买阶段过渡到感性购买阶段时，就成为可能。

最早研究这一现象的人是美国著名的经济学家凡勃伦，他在《有闲阶级论》一书中便探讨研究过这个问题。

在书中，凡勃伦把商品分为两类，一类是非炫耀性商品；一类是炫耀性商品，非炫耀性商品仅仅发挥了其物质效用，满足了人们的物质需求。而炫耀性商品不仅具有物质效用，而且能给消费者带来虚荣效用，使消费者通过拥有该商品而获得受人尊敬、让人羡慕的满足感。

比如人们对拥有豪华轿车的心理，表面上看是对一种交通工具的需求，其实不然，若一个人只是为了满足出行方便的需要，他只要坐公交车或者买一辆便宜实用的车就可以了，何必非要花上百倍的价钱去购买豪华名车呢，可见，人们购买名车的最主要目的并不是为了其交通用途，而是为了获得其他效用，特别是精神上的满足。

鉴于此，消费者都会不遗余力、毫不犹豫地购买那些能够引起别人仰慕和羡慕的昂贵的商品。这就出现了一种奇特的经济现象，即一些商品价格定得越高，就越能受到消费者的青睐。

如今，随着社会经济的发展，人们的消费会随着收入的增加，而逐步由追求数量和质量过渡到追求品位格调。比如，凭借媒体的宣传，将自己的形象转化为商品或服务上的声誉，使商品附带上一种高层次的形象，给人以“名贵”和“超凡脱俗”的印象，从而加强消费者对商品的好感。

这种价值的转换在消费者从数量、质量购买阶段过渡到感性购买阶段时，就成为可能。实际上，在我国东南沿海的一些发达地区，感性消费已经逐渐成为一种时尚，而只要消费者有能力进行这种感性购买时，凡勃伦效应就可以被有效地转化为提高市场份额的营销策略。

管理智慧

市场营销活动是企业利润实现的最终手段，在市场同质化极强的产品竞争中，营销的成败往往决定了整个企业经营的成败。要注重抓住消费者心理，注重感情因素。

六、修炼领导力的远见卓识

领导学中有一句非常著名的话："一头绵羊带领的一群狮子，敌不过一头狮子带领的一群绵羊。"领导者对于团队组织的作用，就是这么重要。一个组织或团队的发展前景，首先决定于其带头人的自身素质。要想让你的企业或者团队在激烈的竞争中脱颖而出，成为一名卓越的领导者是你唯一的选择。

1. 只有起点高才能至高

不少人认为天才或成功是先天注定的。但是，世上被称为天才的人，肯定比实际上成就天才事业的人要多得多。为什么许多人一事无成，就是因为他们缺少雄心勃勃、排除万难、迈向成功的动力，不敢为自己制定一个高远的奋斗目标。

不管一个人有多么超群的能力，如果缺少一个认定的高远目标，他将一事无成。设定一个高目标，就等于达到了目标的一部分。

犹太人有句格言：“希望完成自己所能的是人，希望完成自己所希望的是神。”这句话是说，想要成就一番事业，就一定要有崇高的目标，以超越自我，取得杰出的成绩。

犹太商人罗森沃德，是全美最大的百货公司——西尔斯娄巴克公司的最大股东，也是风靡全美20世纪商界的风云人物。但很少有人知道，这个做服装生意起家的富翁在创业的最初，经历了怎样的失败与艰辛。

1862年，罗森沃德出生在德国的一个犹太人家庭，少年时随家人移居北美，定居在伊利诺依州斯普林菲尔德市。

由于家境不好，罗森沃德必须早早自谋生路。中学毕业后，就到纽约的服装店当跑腿，做些杂工。罗森沃德从年幼时就接受犹太人的教育，这使他拥有了艰苦奋斗的精神。

他确信凡人皆有出头日，一个人只要选定了目标，然后坚持不懈地往目标迈进，百折不挠，胜利一定会酬报有心人的。罗森沃德本着这种精神，赚了几百块钱。

“我要当一个服装店老板。”这是罗森沃德的奋斗目标。为实现这个目标，他除了在工作中留心学习和注意观察市场动态外，还把全部的业余时间都用于学习商业知识，找有关的书刊阅读。

到1884年，他自认为有些经验和小额本金了，决定自己开家服装店。可是，他的商店开张后，生意清淡，门可罗雀。经营了一年多，把多年辛苦积蓄的一点点血汗钱全部赔光。商店只好关门，罗森沃德垂头丧气地离开纽约，回伊利诺依州去了。

痛定思痛，罗森沃德反复思考自己失败的原因，并不断与相关的门店房主沟通生意经。

最后，他终于找出了失败的缘由：服装是生活必需品，但又是一种装饰品，它既要实用，又要新颖，这才能满足各种用户的需求。

而自己经营的服装店，没有特色，也没有任何新意，再加上自己的商店未建立起商誉，没有销售渠道，失败是难免的。

找到了自己出师不利的原因，罗森沃德决心改进。他一边到服装设计学校去学习，一边进行服装市场调研，特别是对世界各国时装进行专门研究。

一年后，他对服装设计很有心得，对市场走向也看得较为清楚。于是，决定重整旗鼓。他向朋友借来几百美元，先在芝加哥开设一间只有10多平方米的服装加工店。

他的服装店除了展出他亲自设计的新款服饰图样外，还可以根据顾客的需求对成品服饰予以改进，甚至完全按顾客的要求重新设计。因为他的服装设计款式多，新颖别致，再加上灵活经营，很快博得了客户的欣赏，生意十分兴旺。

两年后，他把自己的服装加工店扩大了数十倍，并把服装店改为服装公司，大批量生产各种时装。从此以后，他财源广进、声名鹊起。

在人生的征程中，失败常伴左右，每个人都没有必要悲观。犹太人的成功经验中有一点很重要，那就是要有自己的目标，并且把自己的目标当作终身追求的事业。所以说，有时候目标就是一盏灯，一直等待着被点亮。

1969 年，从小就喜欢吃汉堡的迪布·汤姆斯在美国俄亥俄州成立了一家汉堡餐厅，并用女儿的名字为店起了名——温迪快餐店。

在当时，美国的连锁快餐公司已比比皆是，麦当劳、肯德基、汉堡王等大店已是大名鼎鼎。与他们比起来，温迪快餐店只是一个名不见经传的小弟弟而已。

迪布·汤姆斯毫不因为自己的小弟弟身份而气馁。他从一开始就为自己制定了一个高目标，那就是赶上快餐业老大麦当劳！

20 世纪 80 年代，美国的快餐业竞争日趋激烈。麦当劳为保住自己老大的地位，花费了不少的心机，这让迪布·汤姆斯很难有机所趁。

一开始，迪布·汤姆斯走的是隙缝路线，麦当劳把自己的顾客定位于青少年，温迪就把顾客定位在 20 岁以上的青壮年群体。为了吸引顾客，迪布·汤姆斯在汉堡肉馅的重量上做足了文章。

在每个汉堡上，他都将其牛肉增加了零点几盎司。这一不起眼的举动为温迪赢得了不小的成功，并成为日后与麦当劳叫板的有力武器。

温迪一直以麦当劳作为自己的竞争对手，在这种激励中快速发展着自己。终于，一个与麦当劳抗衡的机会来了。

1983 年，美国农业部组织了一项调查，发现麦当劳号称有 4 盎司汉堡包的肉馅，重量从来就没超过 3 盎司！这时，温迪快餐店的年营业收入已超过了 19 亿美元。

迪布·汤姆斯认为牛肉事件是一个问鼎快餐业霸主地位的机会，于是对麦当劳大加打击。他请来了著名影星克拉拉·佩乐为自己拍摄了一则后来享誉全球的广告：

广告说的是一个好斗、喜欢挑剔的老太太，正在对着桌上放着的一个硕大无比的汉堡包喜笑颜开。当她打开汉堡时，她惊奇地发现牛肉只有指甲片那么大！她先是疑惑、惊奇，继而开始大喊："牛肉在哪里？"不用说，这则广告是针对麦当劳的。

美国民众对麦当劳本来就有了许多不满，这则广告适时而出，马上引起了民众的广泛共鸣。一时间，"牛肉在哪里？"这句话就不胫而走，迅速传遍了千家万户。

在广告取得巨大成功的同时，迪布·汤姆斯的温迪快餐店的支持率也得到了飙升，营业额一下子上升了18%。

凭借针对麦当劳的不懈努力，温迪的营业额年年上升，1990年达到了37亿美元，发展了3200多家连锁店，在美国的市场份额也上升到了15%。直逼麦当劳坐上了美国快餐业的第三把交椅。

美国伯利恒钢铁公司的建立者齐瓦勃出生在美国乡村，只受过很短的学校教育。尽管如此，齐瓦勃却雄心勃勃，无时无刻不在寻找着发展的机遇。他相信，自己一定能做成大事。

18岁那年，齐瓦勃来到钢铁大王卡内基所属的一个建筑工地打工。一踏进建筑工地，齐瓦勃就抱定了要做同事中最优秀的人的决心。

一天晚上，同伴们都在闲聊，唯独齐瓦勃躲在角落里看书。这恰巧被到工地检查工作的公司经理看到了，问道："你学那些东西干什么？"齐瓦勃说："我想我们公司并不缺少打工者，缺少的是既有工作经验、又有专业知识的技术人员或管理者，不是吗？"

有些人讽刺挖苦齐瓦勃，他回答说：“我不光是在为老板打工，更不单纯为了赚钱，我是在为自己的梦想打工，为自己的远大前途打工。”

抱着这样的信念，齐瓦勃一步步向上升到了总工程师、总经理，最后被卡内基任命为了钢铁公司的董事长。

最后，齐瓦勃终于自己建立了大型的伯利恒钢铁公司，并创下了非凡业绩。凭着自己对成功的长久梦想和实践，齐瓦勃完成了从一个打工者到创业者的飞跃。

开始时心中就怀有一个高的目标，意味着从一开始你就知道自己的目的地在哪里，以及自己现在在哪里。朝着自己的目标前进，至少可以肯定，你迈出的每一步都是方向正确的。

一开始时心中就怀有最终目标会让你逐渐形成一种良好的工作方法，养成一种理性的判断法则和工作习惯。如果一开始心中就怀有最终目标，就会呈现出与众不同的眼界。有了一个高的奋斗目标，你的人生也就成功了一半。

管理智慧

凡是自己能做的事情，都要自己亲自动手去做，绝不可以请求神的帮忙。一个人在自己的一生中，一定要有适合自己的明确目标；要为了实现自己的目标而不懈努力；遇到挫折的时候，要善于变通和化解。

2. 学会了放弃也就学会了争取

美国电话电报公司前总经理卡贝曾说过这么一句话：学会放弃。因为他觉得“放弃”是一种战略智慧。学会了放弃，也就学会了争取。

成立于1881年、世界闻名的大企业日本钟表企业精工舍正是由于它的一次智慧的放弃，才有了现在我们人人都在用也能用得起的“石英表”。

1945年，服部正次就任精工舍第三任总经理，当时正值日本在战场上全面溃败，精工舍也是举步维艰。

而有“钟表王国”之称的瑞士由于没有受到二战的破坏影响，其手表一下子占据了钟表行业的主要市场。但服部正次并不为困难所吓倒，他制定了“不着急，不停步”的战略，着重从质量上下手，开始了赶超钟表王国的步伐。

十多年过去了，尽管服部正次带领精工舍在质量方面取得了长足的进展，但有“表中之王”美誉的劳力士和浪琴、欧米茄、天俊等瑞士名贵手表依然是各国达官贵人和富商巨贾们财富与地位的象征。

怎么办？继续还是放弃？服部正次选择了放弃。他带领他的科研人员另辟蹊径，成功地研制出了一种新产品——石英电子表。与机械表相比，石英表的最大优势就是走时准确。“表中之王”的劳力士月误差在100秒左右，而石英表的误差却不超过15秒。

1970年，石英电子表开始投放市场，立即引起了钟表界和整个世界的轰动。到七十年代后期，精工舍的手表销售量就跃居到了世界首位。

在风云变幻的商场，这种例子不胜枚举。摩托罗拉公司放弃了制造，将制造中心托付给新加坡和中国，它赢得了自己在研发和市场的战略高点。

同样，“买卖的松下”和“服务的IBM”放弃了“统一于技术”的战略导向也取得了成功。放弃是一种基于战略的价值判断，也是一种有进有退、以退为进、以守为攻、张弛有度的战略智慧。

放弃有时比争取更有意义，放弃是创新的钥匙。如果努力争取的东西与目标无关，或者目前拥有的东西已成为负累，或者劣势大于优势，那么还不如放弃。当你放弃了本不该在你身上的东西，你可能会突然发现，你已经拥有了你曾争取过而又未得到的东西。

在印度的热带丛林里，人们用一种奇特的狩猎方法捕捉猴子：在一个固定的小木盒里面，装上猴子爱吃的坚果，盒子上开一个小口，刚好够猴子的前爪伸进去，猴子一旦抓住坚果，爪子就抽不出来了。

人们常常用这种方法捉到猴子，因为猴子有一种习性：不肯放下已经到手的东西。人们总会嘲笑猴子的愚蠢：为什么不松开爪子放下坚果逃命？但如果审视一下一些人类的行为，也许就会发现，并不是只有猴子才会犯这样的错误。

1964年的时候，日本松下通信工业公司突然宣布不再做大型电子计算机。当时的松下已经花费了5年时间，投入高达10亿元研究开发资金，而研发也很快要进入最后阶段，松下公司突然全盘放弃，需要多么大的胆魄。

那个时候的松下经营得十分顺利，财政上也是安全的，所以这一决定成为世界商业史上的一次重要决定。当时的松下幸之助是因为考虑到大型电脑市场竞争十分激烈，一着不慎，就可能使整个公司陷入危机之中，等到那个时候再行撤退，可能为时已晚。

这个撤退的决定是正确的，之后的市场正是按照松下的预测行进，像西门子、RCA这种世界性的公司，都陆续放弃了大型电脑的生产，松下用他的预见能力和全局观念果断的放弃，由此走在了他们前面。

一个青年向一位富翁请教成功之道。富翁拿了3块大小不等的西瓜放在青年面前："如果每块西瓜代表一定程度的利益，你选哪块？"

"当然是最大的那块！"青年毫不犹豫地回答。富翁笑了笑说："那好，请吧！"

富翁把那块最大的西瓜递给了青年，而自己吃起了最小的那块。很快富翁就吃完了，随后拿起书桌上的最后一块西瓜得意地在青年面前晃了晃，大口吃了起来。

青年马上明白了富翁的意思：富翁吃的瓜虽然不比我的瓜大，却比我吃得多。如果代表一定程度的利益，那么富翁占的利益自然就更多。做企业就像吃西瓜，要想使一个企业有大的发展，管理者就要有战略的眼光，要学会放弃，只有放弃眼前的诱惑，才能获得长远的大利。

人们往往把目光盯在自己没有的东西上，拼命地去争取、去获得，全不管它对我们有没有用，会不会带来危机，使自己满身都是包袱。

交战时，撤退是最难的，是有学问的，如果无法勇敢地实施撤退，或许就会受到致命的一击。瑞士军事理论家菲米尼有一句名言："一次良好的撤退，应与一次伟大的胜利一样受到奖赏。"

管理智慧

要学会放弃，壮士断腕，就是在紧要关头，主动割爱，以期另图出路。这是一种胆略与气魄，是一种理智与智慧。有目的、有计划地放弃老的、陈旧的、劣势的、不能获报酬的东西，才是追求创新、富有远景所必需的成功条件。

3. 视野开阔方能看得高远

一个人若身处隧道，他看到的就只是前后非常狭窄的视野。不能缺乏远见和洞察力，视野开阔，方能看得高远。

美国的一个摄制组，想拍一部中国农民生活的纪录片。于是他们来到中国某地农村，找到一位柿农，说要买他 1000 个柿子，请他把这些柿子从树上摘下来，并演示一下贮存的过程，谈好的价钱是 1000 个柿子给 160 元人民币，折合 20 美元。

这位柿农很高兴地同意了。于是他找来一个帮手，一人爬到柿子树上，用绑有弯钩的长杆，看准长得好的柿子用劲一拧，柿子就掉了下来。下面的一个人就从草丛里把柿子找了出来，捡到一个竹筐里。柿子不断地掉下来，滚得到处都是。下面的人则手脚飞快地把它们不断地捡到竹筐里，同时还不忘高声大嗓地和树上的人拉着家常。在一边的美国人觉得这很有趣，自然全都拍了下来。接着又拍了他们贮存柿子的过程。

美国人付了钱就准备离开，那位收了钱的柿农却一把拉住他们说："你们怎么不把买的柿子带走呢？"美国人说不好带，也不需要带，他们买这些柿子的目的已经达到了，这些柿子还是请他自己留着。

天底下哪有这样便宜的事情呢？那位柿农心里想。于是他很生气地说："我的柿子很棒呢，质量好得很，你们没理由瞧不起它们。"美国人耸耸肩，摊开双手笑了。他们就让翻译耐心地跟他解释，说他们丝毫没有瞧不起他这些柿子的意思。

翻译解释了半天，柿农才似懂非懂地点点头，同意让他们走。但他却在背后摇摇头感叹说："没想到世界上还有这样的傻瓜！"

那位柿农不知道，他的1000个柿子虽然原地没动地就卖了20美元，但那几位美国人拍的他们采摘和贮存柿子的纪录片，拿到美国去却可以卖更多的钱。

那位柿农不知道，在那几个美国人眼里，他的那些柿子并不值钱，值钱的是他们的那种独特有趣的采摘、贮存柿子的生产生活方式。

那位柿农不知道，一个柿子在市场上只能卖一次，但如果将柿子制成“信息产品”，一个柿子就可以卖一千次一万次甚至千万次。

那位柿农很地道，很质朴，很可爱，但他在似懂非懂的情况下就断定别人是傻瓜，他的可爱也就大打折扣了。

柿农的蝇头小利比起那几个美国人的利益来说实在不算什么，故事看来是讲人与人之间的差别，其实对我们的企业决策者同样有教育意义。

在企业的投资构成中，我们的决策者是像文中的柿农一样只看到眼前的比较直接的“小利益”还是能把眼光放长远一些，发现更大，但可能比较隐蔽的“大利益”呢？这可是个很大的学问。明智的人总会在放弃微小利益的同时，获得更大的利益。

现在的麦当劳，已经发展成了全世界快餐业的巨无霸。可你知道吗，这并不是它的创始人麦当劳兄弟的功劳。将麦当劳一手做大的，是另一个叫瑞·克罗克的人。

克罗克是一个一生坎坷的人，年过五十后还事业无成，做着一门小生意——推销奶昔机器。一次偶然的机会，他发现业务报表上有一家叫麦当劳的汽车餐厅，一口气订购了八台奶昔机器。他认定这是一家不一般的店，立刻动身前往观看。

他发现，这家餐厅的生意很红火。克罗克敏锐地意识到，随着社会生活节奏的加快，麦当劳这样的快餐店会越来越受到人们的青睐。

于是，他立即找到了餐厅老板麦当劳兄弟，要求合伙与他们做生意。克罗克向他们陈述了自己的想法，告诉他们要是去别的城市开几家分店的话，将会大大提高现在的营业额，并自告奋勇为它们开路，只要他们提供资金。

但麦当劳兄弟并不感兴趣，他们已经很满足了。因为当时凭着这一个店，一年就已经能够稳赚25万美元，这在当时不是个小数字。不过，他们同意让克罗克加入进来，帮他们料理生意。

克罗克进入快餐店后，很快就掌握了经营快餐店的一套办法。他曾多次建议麦当劳兄弟改善营业环境，以吸引更多的顾客；并提出配制份饭、轻便包装、送饭上门等一系列经营方法，以扩大业务范围，增加服务种类，获取更多的营业收入。

由于克罗克经营有道，为店里招徕了不少顾客，生意越做越好。这使麦当劳兄弟对他极为看重，对他更是言听计从，百依百顺。餐馆名义上仍是麦氏兄弟的，但实际上餐馆的经营管理、决策权慢慢已经完全掌握在克罗克的手中了。

与此同时，克罗克不忘做大麦当劳的想法，建议麦氏兄弟在全国各地开设连锁店。在克罗克的努力下，6年之后，麦当劳在全美国的连锁店达到200多家，克罗克已经看到了一个快餐帝国的前景。

通过与麦氏兄弟的合作，他发现这两个人目光短浅，跟他们长期合作不会有太大发展前途。看着快餐帝国的美妙前景，克罗克决定买下麦当劳，自己独自单干。

1961年的一个晚上，克罗克与麦氏兄弟进行了一次很艰难的谈判。起初，克罗克先提出较为苛刻的条件，对方坚决不答应，克罗克稍作让步后，双方又经过激烈的讨价还价，最终克罗克答应以 270 万美元的现金，买下麦当劳餐馆。

麦氏兄弟尽管有种种忧虑与不安，但面对如此诱人的价格，他们终于动心了。“270 万美元，整整 270 万美元呀！这么优惠的价格，傻瓜才会不接受呢！”双方就此达成协议，并很快进行了产权交割，办理了有关移交手续。

这件事在当时引起了巨大的轰动，而快餐馆也借众人之口，深入人心，大大提高了其在美国的知名度。1968 年麦当劳有 1000 家店铺，1978 年就达 5000 家。经过 40 余年的发展，目前麦当劳已有 7 万多家店铺，遍布全球 100 多个国家和地区，几乎达到了每四小时开一家新店的速度。

1965 年 4 月 15 日，麦当劳公司股票上市时，每股为 22.5 元，不到一个月就涨了一倍。20 年后，股价约为原来的 175 倍。

麦当劳兄弟创立了麦当劳，最后却又失去了麦当劳，他们可以经营好一个店，却没有战略的眼光，看不到未来的趋势，所以经营了 25 年，一个店还是一个店，直到克罗克的出现，才把麦当劳打造成了一个王国。

管理智慧

识时务者为俊杰。一件事情，重要的不是现在怎样，而是将来会怎样。要看到事物的将来，就必须有高远的眼光。看清了它的将来，坚定不移地去做，事业就已经成功了一半。明智的人总会在放弃微小利益的同时，获得更大的利益。

4. 用更多的鼓励产生动力

每个人都是需要鼓励的，有鼓励才能产生动力。批评的同时给予适当的肯定，把握好了，你将会成为一名出色的管理者。

春秋时期，楚王请了很多臣子们来喝酒吃饭，席间歌舞妙曼，美酒佳肴，烛光摇曳。同时，楚王还命令两位他最宠爱的美人许姬和麦姬轮流向各位敬酒。

忽然一阵狂风刮来，吹灭了所有的蜡烛，漆黑一片，席上一位官员乘机揩油亲泽，摸了许姬的玉手。许姬一甩手，扯了他的帽带，匆匆回到座位上并在楚王耳边悄声说："刚才有人乘机调戏我，我扯断了他的帽带，你赶快叫人点起蜡烛来，看谁没有帽带，就知道是谁了。"

楚王听了，连忙命令手下先不要点燃蜡烛，却大声向各位臣子说："我今天晚上，一定要与各位一醉方休，来，大家都把帽子脱了痛快饮一场。"

众人都没有戴帽子，也就看不出是谁的帽带断了。后来楚王攻打郑国，有一健将独自率领几百人，为三军开路，斩将过关，直通郑国的首都，而此人就是当年揩许姬油的那一位。他因楚王施恩于他，而发誓毕生孝忠于楚王。

"人非圣贤，孰能无过。"很多时候，我们都需要宽容，宽容不仅是给别人机会，更是为自己创造机会。同样老板在面对下属的微小过失时，则应有所容忍和掩盖，这样做是为了保全他人的体面和企业的利益。

员工是企业发展的动力和力量源泉，企业要高度的重视和管理好，只有这样才为企业的快速发展提供可能，只有将员工当作自己的家人来对待，他们在企业才会有归属感，珍惜工作岗位，生产出更优质的产品。同时要明白企业利润是通过员工创造的。企业是船，员工是水。“水能载舟亦能覆舟！”

在管理学中，根据把人的本性看作是向善的还是向恶的两种不同认识，形成了两种不同的理论：X 理论和 Y 理论。Y 理论认为人是向善的，所以管理应以激励为主，通过激励来达到激发员工的工作热情、提高工作效率的目的。

X 理论认为人是向恶的，管理应以惩罚为主，通过严惩来达到规范员工行为、使员工在外在制度规范的约束下，集中精力工作，提高工作效率。

在很多时候，当下属犯了错误时，领导者都会严词批评一番，有时甚至将员工骂得狗血淋头。在他们看来，似乎这样才会起到杀一儆百的作用，才能体现规章制度的严肃性，才能显示出领导管理者的威严。

其实，有的时候过于关注员工的错误，尤其是一些非根本性的错误的话，会大大挫伤员工的积极性和创造性，甚至产生对抗情绪，这样就会产生非常恶劣的效果。

所以，在管理事务中，我们要学会宽容下属的错误。但宽容并不等于是做“好好先生”，而是设身处地地替下属着想。在批评的同时不忘肯定部下的功绩，以激励其进取心，并有效避免伤害其自尊和自信。一个懂得如何顾全部下面子的管理者不仅会使批评产生预期的效果，而且还能得到部下的大力拥戴。

通用电气的杰克·韦尔奇认为：管理者过于关注员工的错误，就不会有人勇于尝试。而没有人勇于尝试比犯错误还可怕，它使员工故步自封，拘泥于现有的一切，不敢有丝毫的突破和逾越。

所以评价员工重点不在于其职业生涯中是否保持不犯错误的完美记录，而在于是否勇于承担风险，并善于从错误中学习，获得教益。通用能表现出很强的企业活力，与韦尔奇的这种对待员工错误的方式有莫大的关系。

同样，西门子公司对员工的错误也很宽容。西门子（中国）有限公司人力资源总监说，我们允许下属犯错误，如果那个人在几次犯错误之后变得“茁壮”了，那对公司是很有价值的。

犯了错误就能在个人发展的道路上不再犯相同的错误。在西门子有这样一句口号：员工是自己的企业家。这种氛围使西门子的员工有充分施展才华的机会，只要是有创造性的活动，失误了公司也不会怪罪。

对下属和员工的错误保持宽容是一个优秀领导者的美德。日本有一个表演大师，有一次在上场前，他的弟子告诉他鞋带松了。大师点头致谢，蹲下来仔细系好。等到弟子转身后，又蹲下来将鞋带松开了。

有个到后台采访的记者看到了这一切，不解地问：“您为什么又要将鞋带解松呢？”大师回答道：“因为我饰演的是一位劳累的旅者，长途跋涉让他的鞋带松开，可以通过这个细节表现他的劳累憔悴。”“那你为什么不直接告诉你的弟子呢，难道他不知道这是表演的真谛吗？”“他能细心地发现我的鞋带松了，并且热心地告诉我，我一定要保护他这种热情的积极性，及时地给他鼓励，至于为什么不当场告诉他，我想教育的机会将来会有更多，可以下一次再说啊。”

这位表演大师并没有因为弟子看不出自己的用心而责怪他，反而对他的细心进行了嘉奖，可谓别具匠心。这样既没有打消弟子以后细心面对生活的热情，又为后面的教导埋下伏笔。

在一个公司中，新员工不常常遇到与这位弟子一样的事吗？由于不懂行规，有时往往会提一些很错误的建议，做一些并不正确的事。

作为公司领导，即使你知道你的员工好心提出的意见是错误的，但最好不要直接指出来，而应该谦虚地接受并感谢他，以后再寻找机会婉转地让他明白真相。

如果你说话的态度和方法让对方生气，对方就会和你对立，拒绝接受你所说的事实。如果新员工的积极性受到挫伤，以后他再也不敢提出意见，没有了创新和胆量，以后怎么在公司发展呢？

管理智慧

优秀的管理者在员工犯错的情况下，是不会一味地责怪的。以宽容面对他们的错误，变责怪为激励，变惩罚为鼓舞，让员工在接受惩罚时怀着感激之情，进而达到激励的目的。

5. 让员工满意就是为企业着想

惠普一直奉行这种观点：没有满意的员工，就没有满意的客户。所以各级管理人员的工作重点是令员工满意。

如果员工对公司不满意，不可能指望员工发自内心地替客户去着想，而为客户着想恰恰就是为公司的长远利益着想，只有那些真正关心客户利益的企业才能长久地生存下去。

在惠普，只要一个人成为管理者，他的上司就会告诉他：作为管理者，从今以后员工比客户更重要。为什么呢？因为管理者的客户其实就是部下，这些人是管理者最主要、最直接面对的“内部客户”。

让部下满意，就是为公司的利益着想。当然，在国内很多企业里并不认同这种观念，他们认为应该是客户至上（当然更多的是停留在口号上，而没有几个真的去实践），似乎客户比员工更重要。但是要看对谁而言，不能一概而论。

为了了解员工的心声，不断提高员工的满意度，惠普每年都要进行一次员工满意度调查。调查采用问卷方式，用不记名的办法进行。

在问卷的设计上，答卷人基本上不用写字，只在相应的答案上涂黑即可；另外仅要求答卷人选择性别和所属的大部门，而不要求写小部门。

所以，任何人即使看到某个卷子也不知道是谁答的。这样的话，员工可以把自己真实的情况反映出来，而不用担心答卷被上司看到后给自己穿小鞋。

员工在收到问卷时，同时会收到一个特制的信封。这个信封是专门设计的，封上以后，就无法再打开，一旦打开，就会损坏。

员工在答完问卷后，将问卷放在信封里封好交上去，除了专门负责处理的人员以外，任何其他人都不能、也不敢拆开。在公司的人力资源部设置了一个专门的大箱子，员工把信封投递到这个箱子里。人力资源部把这些信封装成大包，直接寄到公司总部负责统计的人员那里。

在惠普，任何统计都不是在本地进行的，因为这些调查内容与本地人员可能有利益冲突，因而就难免会有人为了自己的利益而作弊。在公司总部，有专门负责做这件事的统计人员，按照程序进行统计，并把统计的结果反馈给各个国家和地区。

统计分析报告出来后，都是一些结论性的东西，而且是针对一个分部、一个分公司或一个事业部等等，并不针对个人。通过这份统计分析报告，很容易看出各机构的管理水平，包括高层、中层和基层管理人员在员工心目中的形象，以及所在机构的战略是否清晰、沟通是否顺畅、管理人员对待员工是否公平、薪资是否有竞争力等等。

韩国精密机械株式会社实行着一种独特的管理制度，即让职工轮流当厂长管理厂务。一日厂长和真正的厂长一样，拥有处理公务的权力。

当一日厂长对工人有批评意见时，要详细记录在工作日记上，并让各部门的员工收阅。各部门、各车间的主管，得依据批评意见随时核正自己的工作。

这个工厂实行“一日厂长制”后，大部分员工都坐过“厂长”的职位，工厂的向心力增强。工厂管理成效显著，开展的第一年就节约生产成本300多万美元。

巴西的SIMICO公司在这方面就做得相当不错。这家公司鼓励自己的员工多出创意，员工只要有了好的创意，公司就会给予充分的支持，以帮助员工实现梦想。他们始终将员工的成长和企业的发展紧密联系。

正是有了这样的共同目标，这家公司成长为了巴西最大的物业管理公司。SIMICO公司由于创新气氛浓厚，被誉为世界上最有活力的公司。连续20年保持赢利的美国西南航空公司则通过处处为员工提供支持，保持了员工对公司的高度认同和工作热情。

西南航空公司要求管理层要经常走近员工，参与一线员工的工作，倾听员工的心声，告诉员工关于如何改进工作的建议和思想。与其他服务性公司不同的是，西南航空公司并不认为顾客永远是对的。

公司总裁赫伯·克勒赫说："实际上，顾客也并不总是对的，他们也经常犯错。"我们经常遇到毒瘾者、醉汉或可耻的家伙。这时我们不说顾客永远是对的。我们说：你永远也不要再乘坐西南航空公司的航班了，因为你竟然那样对待我们的员工。

正是这种宁愿"得罪"无理的顾客，也要保护自己员工的做法，使得西南航空公司的每一个职员都得到了很好的关照、尊重和爱。员工们则以十倍的热情和服务来回报顾客。

赫伯·克勒赫说："也许有其他公司与我们公司的成本相同，也许有其他公司的服务质量与我们公司相同，但有一件事它们是不可能与我们公司一样的，至少不会很容易，那就是我们的员工对待顾客的精神状态和态度。"这正是西南航空公司长期盈利的秘诀所在。

许多企业都习惯于将客户满意度挂在嘴边，并为此绞尽脑汁翻新着服务的花样。但他们往往会发现，这些新花样到后来起到的效果并非总是那么显著。恰恰就是因为很多企业忽视或者没有足够重视“让自己的员工满意”。

在很多企业领导看来，影响员工忠诚度、积极性的无非就是薪资待遇、福利水平，但即便如此他们却并不愿给予员工满意的薪水和福利。然而殊不知企业光靠优厚的薪金、稳定的福利，已经很难长久地留住员工，让员工为企业勤恳工作。

员工在获得劳动物质报酬的同时，还需要有精神上的回报，只有想办法让员工热爱工作，在工作岗位上越做越开心，才能很好地发展下去。如何让员工在工作岗位上越做越开心呢?

赋予员工使命感，是一个让员工满意的不错方式。使命感可以驱策人向前走。企业必须赋予员工使命感，鼓舞企业员工去接纳公司的概念，分享公司管理者的感受及态度，认同公司的方向，并且去执行。

这样员工就有可能在工作中更投入，更多地关心公司的成长。让企业的每一个成员都更深刻地体会到自己也是企业这个大家庭中的一员，并身体力行地做一回管理者，不仅可以充分调动他们的积极性和主动性，也对从多方面看到管理上的不足有积极作用。

让员工满意的另一个重要方法，就是为员工创造各种发展自己的机会，对他们实行成长管理。企业是由员工组成的，企业的成功是建立在员工成功的基础之上的，企业的发展与员工的个人发展密不可分。

在成长的问题上，企业和员工并不是对立的两个方面，如果能够从员工成长的角度管理，可以激发出员工发展自己能力的愿望，同时积极地提高并投入到工作中去，这才是双赢的结果。“人力资源不是成本是投资”，这句话不无道理。

管理智慧

企业光靠优厚的薪金、稳定的福利，很难长久地留住员工，让员工为企业勤恳工作。只有想办法让员工热爱工作，在工作岗位上越做越开心，才能很好地发展下去。

6. 顾客受益是企业获益的源泉

撒拉德森是美国北部有名的富翁，经营着 305 家连锁寄宿旅馆；拥有的资产高达亿美元，每年的纯利润为 5000 万美元，平均每 7 天就有一家新的连锁旅馆开张。

撒拉德森之所以能够成功运作，财源滚滚，就在于他不满足于目前的管理现状，不断地找出管理中的不足之处，以获得最大利润。

他是怎么做的呢？

他首先下令关掉旅馆的洗衣部，安排前厅服务台上班的服务员兼收旅客送来的脏衣服，洗衣服的工作则由上夜班的服务员在没有客人需要服务时抽空承担，仅此一项每年就省下了 130 万美元。

他还将各个旅馆打扫卫生的服务员从计时工作制改为计件工作制，每天的报酬按其当天打扫的客房数发放。从此以后，服务员干起活来不仅争先恐后，而且质量高、速度快，旅客很满意。

此外，她们打扫完之后可以下班，或者到别处干零活。这项举措收到了良好的效果：一方面减少了旅馆的开支；另一方面还能让雇员到其他地方工作，增加收入。

撒拉德森的连锁寄宿旅馆没有餐厅，服务员除每天一次清洁房间外不提供其他服务。这一方面使得客房价格较低，一般人住得起，同时也可以让客人享受到经济实惠和安逸平静的生活。

另外，他的旅馆还与许多厂家建立了批发渠道，采购大量物资，开展多种经营。他还同意其他小旅馆利用这些渠道做生意，然后从中拿到一定比例的利润分成，这样的提成每年也高达亿美元。

这就是撒拉德森旅馆的成功之道。

松下幸之助之所以能够在企业经营管理方面取得如此巨大的成功，是因为他天才地运用了他自己提出的独特经营管理思想。

在晚年，松下在对自己一生的经验教训进行整理时，道出了令亿万人为之倾倒叹服的一系列经营秘诀，为人们打开了一道通往经营成功的大门。直到今天，这些秘诀仍在世界范围内发挥着极大的作用，造就出一批又一批巨贾富商。

按松下自己的说法，打开了一道通往经营成功的大门就是永远为民众服务，即通过丰富和不断增多的物质使人们得到生活的安定和幸福。

松下幸之助学历并不高，8 岁就辍学了，他从 11 岁到大阪开始做事，就一直遨游于经营管理的浪潮之中。他从生产电扇阻盘开始创立松下电器公司，在经营过程中，他逐渐悟到经营企业的真正使命——为大众服务。这种经营思想始终贯穿在松下经营的过程中。

松下幸之助在创业之初生产的电扇阻盘和配线器材就充分体现了这一宗旨，以后松下又先后设计生产了双灯用的插头、炮弹型电池式电灯、方形电灯、熨斗电炉、收音机、电唱机等生活用品，为人们提供了极大的方便，顾客争相购买。

二战爆发前后，日本许多企业为了生存都和军队结成财团，生产军需产品。松下公司却以极大的勇气甘愿冒险，仍以民需为主要目标，以提高民众生活的水平，改善人民生活质量，制造出质量更好、价格更便宜的商品为己任，坚持独立经营，甚至在侵华战争全面爆发以后，战争管制气氛越来越浓的情况下，松下也没有放弃自己的经营思想。

松下特别注意开发新产品，力求比原来的同类产品更实用、更方便，并且把生产的质量作为企业信誉的根本。他专门组织质量管理小组，认真地检测每一个产品的质量。很快松下电器就获得了顾客的称赞，不仅在日本国内深受欢迎，还打入了美国市场。

松下一直采用低额利润的经营方式，与消费者共享低成本所获得的利益。坚定不移地持守为民众服务的思想，使松下公司获得了长足的发展。

1930 年，松下公司还是一家只有 600 多名工人的中型家用电器生产厂，到 1935 年便迅速发展为能生产各种电器的大型企业，1938 年又研制出第一套电视模型，1941 年便发展为拥有一万多名员工的超大型企业。

松下幸之助的目标是谋求民众的幸福，这也表现在他对公司员工的态度上。松下公司在物质方面给职工以优厚的待遇，在日本率先采取五天工作制，实行男女工资平等制，工人到 35 岁就有一套自己的住宅，使松下的职工真正感到幸福。

虽然在松下的经营史上，曾有几次危机，但松下幸之助在困难中依然坚守信念，不忘为民众服务的经营思想，使公司的凝聚力和抵御困难的能力大大增强，所以每次都能化险为夷。

1990 年初，日本一家发行量最大、影响最广的报纸，举办对企业经营者评价的投票活动，松下幸之助名列“最受欢迎的经营者”榜首，被誉为“经营之神”。这是民众对松下巨大认可的体现。

迈克尔·戴尔这个年轻的电脑奇才从大学辍学，通过创立自己的技术公司赚了大钱。不过，迈克尔·戴尔真正有影响的见解并不在技术方面，而是在商业方面。

早在 20 世纪 80 年代初他就开始关注个人电脑生产企业的工作模

式，并且发现了一条更好的路子。这种方法可以免除许多不必要的成本，让人们以更低的价格买到自己想要得到的电脑。

这条更好的路子就是向客户直销，绕过了分销商这个中间环节。戴尔电脑公司从消费者那里直接拿到订单，接下来自己购买配件组装电脑。这就意味着戴尔电脑公司无须车间和设备生产配件，也无须在研发上投入资金。

消费者得到了自己想要的电脑配置，戴尔公司也避免了中间商的涨价。戴尔电脑公司的直销商业模式就是利用现有的价值链，并且除去了一个不必要的、成本昂贵的环节（在经济学术语中，称之为“非居间化”或“脱媒”）。

从消费者的角度看，这种新价值链更有意义。正因为如此，戴尔电脑公司所采用的商业模式被认为是过去20年来世界上最好的商业模式之一。

管理智慧

为客户提供价廉物美的产品和服务的同时，自己的公司也会得到长足的发展和丰富的利润回报。使顾客常受益，乃是企业获益的最大源泉。

7. 学习能力是一切能力之母

每个人都应在合适的范围内，寻找能弥补自己弱点及不足的老师。因为我们需要成长，需要不断的发挥潜能去实现自我价值，而老师的经验及智慧又是我们尽可能赶超别人，尽快实现自我的捷径。尊重有经验的人，才能少走弯路。

你可能会觉得自己在某个方面比其他人强，但你更应该将自己的注意力放在他人的强项上，只有这样，你才能看到自己的肤浅和无知。谦虚会让你看到自己的短处，这种压力会促使你在事业上不断地进步。

一个人要想真有长进，不仅需要谦逊，而且还要有雅量，要放下架子，不耻相师。

“梅须逊雪三分白，雪却输梅一段香。”一个善于学习和能思考的人，才是一个力量无边的人。要虚心向别人请教，以提高和完善自己，为成功创业打下良好的基础。无论怎样，都要找到值得你学习的对象，以开放的心和受教的态度向这些老师学习。

苏格拉底说：“我知道自己几乎一无所知。”这正是一种谦虚向别人学习的良好品质。在学习两字面前，任何人都是老师，一定要忘记自己的身份，放下架子，完全从学习的角度出发，向比自己知识更渊博的人学习。

每个人都应在合适的范围内，寻找能弥补自己弱点及不足的老师。

1994 年，9 岁的卡梅隆，开始了他人生的第一笔生意，通过替父母向他们的好友发送节日邀请，他从父母那里获得了一笔小小的酬金。11 岁那年，他通过销售问候卡片积蓄了数千美元，并给自己的公司取名为“欢乐与眼泪”。

12 岁时，他花 100 美元购得妹妹积攒的全套 30 个“豆豆娃”，并将这些娃娃通过 eBay 网站销售，从中获得了 10 倍收益。他从中发现了商机，立即批量购进“豆豆娃”，通过“电子港湾”和“欢乐与眼泪”进行网络销售。这使他在不到一年时间里就积蓄了 5 万美元。

紧接着他把这笔钱当作本金，创办能为客户保密个人信息的 My-Email 邮件服务系统。两年后，该系统每月盈利 3000 美元。1997 年，他与另外两个年轻人合伙，创办 Surfingpries 网络广告公司，获取巨额利润。卡梅隆说：“高中毕业前，我的资产已超过 100 万美元。”

当有人问他为什么会成功时，他的回答是：学习，每时每刻都要准备学习。在他的眼里，每个人都是老师，每个人都有比自己强的地方，通过学习别人的长处和优势，将这些长处和优势复制到自己身上，自己就会变得更加强大。他的成功并不仅仅依靠机遇和商业头脑，更在于他的学习能力。

当代西方领导力大师、美国南加州大学教授本尼斯在他的名著《成为领导者》中，写有“学习 = 领导”的等式。管理者是学习者的观点，也得到了很多企业家的认同。在当今严峻的形势下，学习已经成为不可忽视的一种需要，知识经济的增长带动了整个世界的变化，优秀的企业管理者需要不断地更新知识，才能更好地应对各种突发起来的状况。

美国前总统林肯就是一个善于向身边的人学习的人。不少人都知道，林肯在学校只读过一年书，可是他曾向一些学者及身边的同事，甚至包括和许多农夫、商人、律师商讨国家大事与世界之事，并从他们这些人身上汲取各种知识。

学习的过程，不是做给他人欣赏的过程，也不是单纯的接受的过程，而应该是一个思考和感悟的过程，学而思才能长智慧。在学与思中有所创新，提高自己洞察事物的敏锐度和思考的能力，结合自身职业寻求出更好的工作方式与方法，更快地提升自身的领导能力。

学习是管理者最有价值的投资。著名哲学家黑格尔这样说过，我们站在一个重要时代的门口，一个变化的时代。处于这样一个时代的管理者，需要保持学习的心态，成为一个博学多思的人，以更好地应变这个复杂多变的环境。

优秀的管理者，无一不是勤奋学习的典范。生命不止，求知不断。只有投资于学习，将大脑充实起来，才能在管理工作中得心应手，从而为企业创造更多的经济效益。

很多管理学家都认为21世纪是学习力竞争的时代。真正的文盲，不是不识字、没有文化的人，而是没有学习能力、没有教养的人。人们的智力相差无几，行业竞争的白热化，决定了要想在行业竞争中立于不败之地，不仅要学习书本知识，更需要在社会这所大学中多向值得自己学习的人学习。

管理智慧

如果不继续学习，就无法使自己适应急剧变化的时代，就会有被淘汰的危险，学会了学习，一切都会随之而来，可以说，学习能力是一切能力之母，只有善于学习，懂得学习的人，才能具备高能力，才能够赢得未来。